教师专业成长丛书

小学班主任技能优秀案例

Xiaoxue Banzhuren Jineng Youxiu Anli

杨霖　主编

四川教育出版社

成都

图书在版编目（CIP）数据

小学班主任技能优秀案例 / 杨霖主编. —成都：
四川教育出版社，2017.5
ISBN 978-7-5408-6751-5

Ⅰ．①小⋯ Ⅱ．①杨⋯ Ⅲ．①小学－班主任
工作－案例 Ⅳ．①G625.1

中国版本图书馆 CIP 数据核字（2017）第 088545 号

小学班主任技能优秀案例

杨　霖　主编

责任编辑　朱　娜
装帧设计　毕　生
责任校对　吴映泉
责任印制　杨　军　陈　庆
出版发行　四川教育出版社
　地　　址　成都市黄荆路 13 号
　邮政编码　610225
　网　　址　www.chuanjiaoshe.com
印　　刷　三河市明华印务有限公司
制　　作　四川胜翔数码印务设计有限公司
版　　次　2017 年 5 月第 1 版
印　　次　2021 年 5 月第 3 次印刷
成品规格　168mm×240mm
印　　张　9.25
书　　号　ISBN 978-7-5408-6751-5
定　　价　28.00 元

如发现印装质量问题，请与本社联系调换。电话：(028) 86259359
营销电话：(028) 86259605　邮购电话：(028) 86259605
编辑部电话：(028) 86259381

编委会

主任编委

陈　蕾

副主任编委

敬仕勇　覃珺　罗清红　钟　南

杨　霖　吕红霞　高　瑜

序

　　小学班主任一定是教师群体中对学生学习、生活影响最大的那一位。在孩子们眼里班主任是最严格的，他（她）就是权威的象征；在孩子们心里班主任是最温柔的，他（她）就是温暖。班主任是学校里的娃娃头，带着孩子快乐成长；班主任是学校里的父母，牵着孩子慢慢长大。怎样成为一个好班主任，成为孩子成长中的贵人，也是每一个班主任专业成长的追求和理想。

　　本书汇集了成都市小学优秀班主任的带班理念和育人经验，分别从如何带好班，做好班主任工作最迫切最实际的"治班策略、模拟家长会、心理个案分析、主题班会课、活动方案设计"等多项技能向大家展示优秀班主任的育人智慧和育人能力。相信这些来自班主任具体工作场景的实践经验和策略会给广大班主任启发和借鉴。

　　感谢为本书提供内容支持的班主任和指导教师，感谢成都市教育局和各区（市）县教育局的引领和指导，感谢为本书付出辛勤工作的各位朋友。

目　录

第三章　心理个案分析

第四章　主题班会课

第五章　活动方案设计

第一章

治班策略

E 班少年，E 路放歌！

龙泉一小　冯玉兰

（课件播放学生的笑脸照片）大家所看到的这些可爱的孩子，来自我所带的龙泉第一小学校 2016 级 5 班。在英语字母表里第五个字母是 E，所以我又把我们班称为 E 班，把我们班的学生称为 E 班少年；同时，E 又是电子时代的代名词——E 时代。在 E 时代背景下，我希望我的 E 班少年们能紧跟时代步伐，全面发展，健康成长。因此，我的治班策略主题是"E 班少年，E 路放歌！"

一、班级介绍

E 班少年共有 59 人，其中男生 30 人，女生 29 人。他们聪明、活泼、有个性、求知欲强。他们团结上进、宜静宜动、自强自信、成绩优良。虽然有几个单亲、离异、重组、隔代教育家庭的孩子，不免或性格倔强，或调皮好动，或脾气暴躁，或过于文静，但在 E 班这个团结友爱的班集体中，他们也在健康快乐地成长着、进步着。（一边解说，一边用课件展示相应的照片。）

二、教育思想与治班理念

美国著名学者卫斯理有这样一个观点——"现在的学习者是数字时代的原住民，而成年人则是移民，如果不跟上数字时代的步伐，将成为数字时代的难民。"这个观点给了我一个启示——在 E 时代背景下，我们要培养的人才必须是能适应未来社会的人才。在我的理解中，这样的人才应当具有较强的学习意识与竞争意识，敢于尝试与创新，自尊自爱，跟得上时代潮流。要培养这样的人才，作为教师的我们也要加强学习，努力提升自身的信息技术水平。因此，我攻读了现代教育技术专业的教育硕士研究生学位，目前已顺利毕业。

我的治班理念是——着眼未来需要，紧跟时代步伐，聚合多方力量，以常规建设为基石，以数字化发展为特色，促进学生的全面发展。

三、治班目标

1. 长远目标——创建"3E"班级

我的长远目标是把我们班建设成为具有"3E"特征的区级"优秀班集体"：

（1）Environment（环境）——创建具有良好成长环境的班级。

（2）Everyone（每人，指学生个体）&Entirety（整体，指班集体）——创建学生个体与班级整体共同进步的班级。

2. 中、近期目标——培养"3E"少年

（1）Exist（存在，引申为自我存在感、自尊自爱）——培养有自我存在感、自尊自爱的少年。

（2）Experience（亲身参与，亲身经历，指敢于尝试、体验新事物）&Exercise（锻炼，练习，指学生进行自我锻炼）——培养敢于尝试、体验新事物，进行自我锻炼的少年。

四、策略方法

为了实现治班目标，我主要采取了如下一些策略方法：

（一）Environment（成长环境）攻略——大力进行文化建设

1. 班级目标文化

（1）"3E"内涵与特征讲解

"3E"内涵与特征讲解，使学生明确了班级的目标，并为之努力。

（2）班歌与校训、班训

班歌、校训、班训，引领着我们前进，营造了积极、乐观、上进的成长氛围。

2. 班级环境文化

班级形象栏、班歌牌、班级橱窗、班级展示栏、教室外墙，它们润物无声，为学生营造了良好的成长环境。

3. 家校共育文化

我向家长广泛宣传自己的教育理念和治班方法，邀请家长参与班级管理，指导家委会带着孩子们开展各种社会实践活动……形成了良好的家校共育文化。

（二）Everyone（学生个体）& Entirety（班级整体）攻略——自主发展与团队建设

1. 给每个孩子自主发展的空间

我鼓励每个学生根据实际情况发展兴趣与特长，学校的各个代表队中都有我班学生活跃的身影。

2. 常规＋竞赛，促班级整体提升

（1）以小组竞争制抓常规建设

我班学生分为 11 个互助小组，学习常规、纪律常规、劳动卫生等均实行小组竞争制，实现了个人与小组的共同进步，也促进了班级的整体发展。

（2）以竞赛为契机促班级发展

我以学校组织的各种竞赛和我班参加的各级别赛课活动为契机，培养了学生的集体荣誉感，促进了学生个体和班级整体的共同发展。

（三）Exist（自我存在感）攻略——主人翁的自主管理

我班学生人人都负责一份班级事务，人人都是班干部，人人都感受到自己对于班级的重要性。班级的各种活动，也是由学生自主去策划、组织、排练与开展。

（四）Experience（敢于尝试）& Exercise（自我锻炼）攻略——在 E 世界的新体验

1. 值周班长很"酷"

我教给值周班长 Excel 软件的相应操作，每周值周班长会对各小组、各成员的学分进行统计、排序、比较，并及时发布到 QQ 群。

2. 班主任助理很"赞"

每天下午放学时，我的班主任助理，就会代表我和班委会把当天表现好与不好的情况及时地发短信给家长，以便形成家校合力。

3. E班少年都很"洋"

瞧，我班有自己的班级主页和班级博客，每个学生有自己的个人主页、个人博客，小组有小组博客；他们开展活动时自己制作PPT；他们勇闯打字关，在区英汉字录入比赛中，成绩优异；QQ群、邮箱延伸了我们的教学空间；我们的"周末在线读书交流会"是一大创新之举；我们的网络课堂让别的班羡慕不已；我还带着学生们做信息技术课题研究……

五、治班成果

在创建"3E"班级和培养"3E"少年的路上，我们在努力，我们也在收获——这是我班获得学校"优秀中队"的奖状；我被评为区"优秀班主任"；这是我班在学校的各项活动中取得的骄人成绩；这是我班赛课、展示课的成绩；这是学生的各种考级证书和部分区、市、省各级各类获奖证书。（展示相应的图片）

六、展望未来

听，孩子们已唱响嘹亮的班歌，吹响前进的号角。我将和我的E班少年们继续E路前行、E路放歌，创造更加美好的明天！

用爱静待花开

都江堰市北街小学　袁妍

每一朵花，都倾洒了我们不尽的汗水，倾注了我们不尽的心血，当春风中花儿炫目绽开的瞬间，我只站在花丛旁静静欣赏，回忆曾经付出的一切。

——题记

一、43 颗种子，美丽相聚

2011 年那个金色的秋天，43 颗种子来到了美丽的北街小学，在这片肥沃的土地上开始了六年的生长历程，他们将各自绽放自己不同的美丽：那几个看见你就微笑的热情的玫瑰是刘可欣、田科宁；那上课时，在座位上用羞答答的眼神看着你的温柔的小雏菊是吕雨非、冯心雨；那总是说"这道题不要太简单哦"的自恋的水仙花是林启玉；还有那葡萄牙月桂般勤勉的崔鹏、付庆可；那满身刺头却乐观无比的周汉堂、潘高其……

每一种花有不同的花语，每一颗种子都有不同的风格，他们来自不同的环境，来自不同的土壤，是否都能在花园中自信地绽放自己的美丽呢？

二、吸收养料，肥沃土壤

在开学前，怎样才能寻找到一片肥沃的土壤，就成了我最大的疑惑。我只能去书里寻找答案，薛瑞萍的《给我一个班我就满足了》启迪我教育需要等待，李镇西的《做最好的老师》提醒我教育需要爱，魏书生、任小艾等教育专家都成了我最好的老师。在不断的学习中，我终于理清自己的教育理念和治班理念：

教育理念：用爱树立威信，用情营造民主，用严规范行为，用智管理班级。

治班理念：用尊重、信任、欣赏去建立一个阳光、民主、上进的班级。

三、用爱浇灌，静待花开

班主任要去管理班级，肯定要讲究方法，可是我觉得所有的方法都离不开一个基础，那就是——爱。

1. 用爱树立威信。

这是我第一次接手低段的孩子，真有点无所适从。当时一心想着我得树立威信，于是我大着嗓门说话，冷着眼神看人，就连黑板刷也经常被我在讲台上拍得啪啪作响。每天声嘶力竭，孩子们也越来越害怕我。一位有经验的老师这样告诉我："你的爱不应该只在心里，应该让你的学生感受到。"我恍然大悟，"亲其师，才能信其道。"如果孩子们只是一味地怕我，这样的威信，我要来何用？

于是，我改变了方法，每天走进教室，投以孩子们甜甜的微笑；课堂上，用调侃的语言去纠正他们的不足；蹲下身子，用心地了解他们的家庭情况、性格脾气、兴趣特长。生活中，我让他们感受我的爱：降温了，我会提醒他们多穿点衣服；上体育课了，我会特意提醒他们注意安全；放学下雨了，我会叫他们把衣服的帽子戴在头上。学习上，我关注每个孩子的难点，帮助他们寻求解决的办法。小徐是个特别内向的女孩子，刚进校时，因为腼腆，她连下课也只敢在座位上坐着，只能用摇头和点头来表达自己心中的想法。可是她写出的句子是那样地生动，这明明是个很有想法和见地的姑娘啊！于是我决定好好地观察她。数学公开课上，我特意坐在她的旁边，我发现每次老师提出问题，小徐都会把拳头放在耳朵边，迟疑着，明明是想举手的样子，可就是放不开那个小小的拳头，小姑娘缺少的是自信。于是我悄悄地轻轻地握着她的小手，用真诚的眼神告诉她："举手没什么的，不信你试试？"小徐怯懦地看着我，我对着她肯定地点了点头，她的小拳头终于放开了……此后的小徐，小手越举越高，声音越来越响亮，成了我得力的助手。

把爱表现出来，尊重每一个孩子，用爱去树立教师的威信，这样的师生关系才能融洽平等。而班主任的威信这看似无形的教育力量，却是管理好班级的前提和基础。

2. 建设"爱"的集体。

治理一个班级可不是一个短时间的工作。小学六年的时光，每个阶段孩子们应该形成什么样的能力，达到什么样的道德水平，班主任老师得做到心中有数。我是这样确定阶段目标的：

低段 培养孩子良好的行为习惯和学习习惯，积极融入班集体，爱班级，爱学校。

中段 教育形式重在小组合作活动。培养孩子良好的认知品质、亲情意识，不仅爱班爱校，也爱家，感受幸福。

高段 重在培养学生的综合素质和责任意识。

为了达到这些目标，建设一个充满"爱"的班集体，就得使用一些良方，只有这样，才能事半功倍。

（1）民主选举、培养"小园丁"，引导班级方向，形成团结、民主、向上的班级风气。

如果说我是园丁的话，那小干部就是一个个的"小园丁"，他们的言行举止直接决定着班级风气的形成。只有选举让孩子们信服的、有能力管理班级的小园丁，才能引导班级风气的导向，形成良好的班风。

所以在选举小园丁的时候，我遵循公平、公正、民主的原则。我的流程是先设置岗位，定岗不定人，全班孩子竞争上岗，能上能下，积极候选。然后全班讨论标准，接着候选人演讲竞选，最后全班表决，让民主的种子不仅种在孩子的心里而且生根、发芽，这样竞选出来的孩子既有一定的能力，又有群众基础，方便他们以后开展工作。接着我便对其进行培训，使他们明确各自职责。然后每周进行评比制和会议制，督促其发现不足，提高管理水平。半学期以民意测评来评选优秀班干部，以形成激励制度。

就这样，我们班的小园丁越来越多，而且越来越能干，真的让我们班级这个小花园百花齐放，一片盎然。

（2）开展丰富多彩的活动，让孩子们绽放独特的美丽。

花朵需要园丁的栽培，孩子需要老师的教育。孩子们天真烂漫，喜欢各式各样的活动，尤其是低段的学生，无意注意总比有意注意效果更好。在活动中对他们进行教育无疑是最好的，既能让他们感受到我对他们的尊重，又能在潜移默化中达成我的教育目的。

开学伊始，学校开展"我是一颗会开花的种子"主题班会课。我们班代表学校进行展示，于是我结合学校的这个德育主题，结合我们班的第一次班会课进行了如下设计：

首先，确立班会主题。对低段的孩子，主要是培养其形成良好的行为习惯和学习习惯。既然是开学第一课，我觉得就应该让他们认识到行为习惯的重要性。于是，我决定我的班会主题就是：认识"聪"。

接着，我精心策划班会活动方案，把这堂课设计了两个层次：①认识"聪"，明白要当一个聪明的孩子，要会听、看、说，更要用心学习。②拓展延伸，让孩子们明白，做一个聪明的孩子，不仅要养成良好的学习习惯，还要有良好的行为习惯。有了精心的策划，这节展示班会课很成功，至今孩子们对开学的第一课都记忆犹新。

而我也尝到了班会活动带来的甜头，于是针对年段特点，我开展了一系列不同要求的活动（举一例）：

感恩教育系列：一年级我开展的是"我有一个温暖的家"，目的是让孩子感受亲人对他们的爱。

二年级我开展的是"谢谢您，妈妈"，目的是让孩子懂得为什么要感谢妈妈的爱。

三年级我则开展的是"妈妈，我想对你说"，目的是让孩子理解妈妈，尊敬妈妈，体贴妈妈，学会回报妈妈对自己的爱。

四、五、六年级也有不同的要求。

系列活动还有：养成教育系列活动、安全教育系列活动、生命教育系列活动……

除了这些系列活动，我还结合学校和班级特点，灵活地开展班会活动。

第一种：结合学校每个月不同的教育主题，开展不同的活动，比如"爱心捐赠活动"、"参观科技馆"、"课本剧表演"、"珍惜每一滴水"、"徒步出行强身健体"、"喜迎国庆"、"国旗下诵读"、"光荣的少先队员"、"我和春天的约会"等。

第二种：与班级的一些教学现状、学生现状相结合的小活动，比如针对同学不太团结的"夸夸我的同学"，针对最近老是得不到卫生红旗的"争做卫生小标兵"，针对部分同学不注意校园安全的"珍爱生命"等等。

正是因为这些丰富的活动，给予了那些花儿们养料、阳光、水分，让他们挺直了腰板，自信地开放。

3. 用欣赏的目光，注视着花朵们次第的绽放。

用爱树立威信，用情营造民主，用严规范行为，用智管理班级，对每一朵特质的花儿，报以尊重和信任，用欣赏的眼光去对待每一个孩子，那个阳光、民主、上进的班级大花园逐渐生机勃勃。

因此，我所教的班在两年半的时间里，先后被评为"优秀班集体"、"书香班集体"、"精神文明班集体"。

四、爱的延续

用一颗爱的心给予每个孩子适时适度的科学浇灌，平和静待他们的成长，静待他们在春风中微笑，静待他们在阳光下绽放，那时的我只想在花丛旁默默地回忆、欣赏、守望……

让每一粒种子都出彩

锦江区盐道街小学　苟利

　　著名教育家第斯多惠认为教学的艺术不在于传授本领，而在善于激励、唤醒和鼓舞。孩子，是每个家庭的希望，寄托着社会的期待、民族的使命。盐小作为走在成都市前沿的品牌学校，最终我们要培养的是：有价值，适应未来、学会生存的有用之才；有灵性，善于学习、聪慧灵动的有智之才；有情操，奉献社会、大爱天下的有德之才。良才需要良种，我的治班理念是：让每一粒种子都出彩。在我看来，世界上最大的力量是种子的力量，它们看似小小的身体里释放着巨大的潜能和生命力。我认为每一个孩子都是一颗独特的种子，都会有绽放的那一刻。只不过各自的花期不同，有的花一开始就绚烂绽放，而有的花，则需要漫长的等待。我们应当尊重每一个生命成长的过程，细心呵护每一粒种子，让它们都能释放属于自己的精彩！

　　由于我所带的班级是中途接班，为了更好地做好班主任工作，我对班级的情况进行了调查。根据调查表的情况以及我的观察，我发现我们班的孩子具有以下两有两弱的现象。1. 有灵性有个性，班级大多数家庭环境优越，家长学历较高，家长重视子女的教育，孩子们聪慧灵动，有灵性；艺术细胞活跃，各有所长，有个性。2. 自律性弱，团队协作能力弱。孩子正处于三年级这个很重要的转型期，这一时期的孩子情绪波动大，自控力不强，加之大多数孩子处于独生子女家庭，父母骄纵溺爱，导致了孩子自律性弱、团队协作能力弱。为了打造出彩种子班级，我将充分挖掘种子的个性和潜能，让他们都能绽放异彩。在一番思考之后，我确定的班级目标为：近期，种子有潜能，挖掘出彩之源；中期，种子有个性，定制出彩计划；远期，种子能绽放，搭建出彩秀台。

　　为了做好落实我的理念和目标，我采取了以下策略：

策略一：转圈——让管理出彩

自主管理这方面，很多老师都做得很好，我简单说一说。我们班有一个有趣的干部管理圈，在这个干部管理圈里，有许多有趣的职务。我们的小干部都是由孩子们按照学号轮流转圈来担任，人人都有当班长的机会。这里不得不提到我们的干部听证会，在每周五的午会上，孩子们会对照他们自己制定的种子公约以及干部职务表来对小干部进行评议，评选出最具风采值日班长、首席设计师、最佳环境治疗师，这些评选出的优秀小干部将进入我们的种子委员会，可以和老师们一起参与班级的重大决策，并获得一份特别的奖励。比如和老师共进午餐、当着全班同学的面给家长打表扬电话、和你最想同桌的同学一起坐等。用信任取代监督，以启发引导代替命令服从。这样大大激发了孩子们自我管理和争当优秀干部的热情。

策略二：组团——让合作出彩

我们班有各种分门别类的团体。分为异质团、同质团和特殊团，每个团都有一个团长。异质团主要用于学习探究模式，我们有 11 个固定的异质团，由班级核心儿童以及待发展的孩子共同组成，这个团体兼顾了学生学习上的个体差异，有利于老师的教学以及学生知识和能力互补，能很好地提升教学的高效。而同质团的孩子们因为兴趣自由组合到了一起，都有着相同的爱好和兴趣，利用团队的力量创造出很多优秀的作品。除此之外，最值得一提的是我们的特殊团，那就是互助二人帮。在每一个班级里，总有那么几个相对特殊的孩子，有的孩子学习能力缺乏，有的孩子与人交往能力较弱。在我们班级里，有这样一个特殊的孩子，她与人交往有障碍，有轻微的自闭倾向，刚开始上学，别人主动和她说话时，她都会双手抱头大叫，为了让她能更好地融入集体，我给她安排了一个我们班级阳光开朗、学习能力很强的中队干部和她组团。每天给她一个微笑，每天帮她纠正一次学习上的错误，慢慢地，她的笑容多了，性格也开朗多了。这次开放日，从没主动举手的她，居然当着全班家长的面发言了。这都是组团给她带来的进步。

策略三：搭台——让个性出彩

个性是独立的、特殊的，为了将孩子的个性发挥到极致，我给孩子搭建了各种丰富多彩的秀台，落实"活动育人"的理念。包括盐道达人秀、职业梦工厂、盐道出彩人、我心中的童话世界、看我七十二变等等。只要与众不同，只要独特精彩，你就是达人。在达人秀中，孩子们纷纷装扮成自己心中的白马王子、蜘蛛侠、白雪公主等，幸福指数瞬间高升，自信心显著增强。在职业梦工厂活动中，我们班的简焜尧同学扮演的是狙击手，平时调皮的他，那天精心装扮来到学校，获得了老师和同学的赞扬，我明显感觉从那以后他的自信心越来越强了。这就是个性秀台带给孩子最大的收获。

一年多来，我们的班级也获得了一些荣誉。例如，参加学校英语八达通比赛获得年级第一名，运动会拔河比赛第二名，体育节足球比赛第一名。上学期我们的班级还被评为学校的文明班级，本期还被评为锦江区先进班集体。除此之外，我班的孩子还参加各级各类的比赛，获得了个人国家级、省市区的各类奖项，产生了英语达人、计算高手、艺术达人等。非常令人高兴！

经过一年多的努力，我们的班级从开始的杂乱无章，到现在的井然有序，每一个孩子都在悄然地发生着变化，班级团结有爱，人人快乐学习，孩子们的个性得到了充分的释放和张扬，家校关系也越来越和谐。

在以后的日子里，我将用我的爱心更加努力地浇灌46颗闪耀着独特光芒的小种子，陪他们度过寒冬的静谧，唤起暖春的希望，享受盛夏的热情，收获金秋的辉煌。我相信他们含吮着冬日的雪水和泥土的养分，顽强地生根，拼命地发芽，终有一天会破土而出，开出绚烂的彩色之花。

手指合作社

锦江区东光实验小学　马国敏

当今社会是一个充满激烈竞争的社会，合作能力是现代青少年必须具备的一项基本素质与品格。但生理、心理、学习等各方面的原因使得学生的独立性增强，自我意识强化，自尊心加强，从而造成学生的合作意识淡薄，合作能力欠缺。基于以上的情况分析，我制定了我班的班级建设策略。

一、学情分析

我班学生 48 人，在学校领导、教师、家长的关心下，学生热爱生活，勤奋好学，积极进取，乐观向上，整个班级其乐融融，班风班貌良好，在 2010 年 11 月被评为"锦江区先进班集体"。

（一）班级优势

1. 班风良好，学生好学、上进

（1）学生主动性强，求知欲强，利用课外时间主动阅读书籍。

（2）班级营造了良好的读书氛围，培养了学生独立思维、独立学习的能力。

2. 家庭和谐，家长重视教育

（1）家庭氛围良好，亲子关系融洽，生活在和谐的家庭氛围中，孩子身心得以健全发展。

（2）家长与本年级家长相比学历较高，能充分认识到家庭教育的重要性。

（3）家长积极支持配合学校工作，对学生的教育起到一定的促进作用。

3. 学生多才多艺，有特长

家长在重视学生全面发展的同时，也关注孩子的艺术特长发展，在家长的支持下，学生在书法、绘画、古筝、英语、朗诵等方面的比赛中屡屡获奖。

（二）存在的问题

1. 学生以自我为中心，不善于分享。

2. "恃才放旷"，特长生有优越感。

基于以上情况分析，全班孩子集思广益，确定"手指合作社"为我班班名。

二、发展目标

（一）指导思想

建立"合作"的班集体是我们班的宗旨，通过手指合作社的交流增进生生、师生之间的情谊，增强学生的合作意识，提高学生的合作能力，从而树立良好的班风班貌。

（二）总目标

"合作社"根据家庭、班级中学生的表现情况制定"合作社"发展目标，让学生的合作交往建立在尊重平等、真诚交流的基础上，以开展合作互助，进而培养学生"想合作、能合作、会合作、善合作"的能力。

（三）阶段目标

第一学年：针对本班情况，开展"合作"分享交流会，让学生认识合作的重要性。

第二学年：学会分享交流，培养学生的合作能力。

三、发展策略

（一）策略一：建立班级合作社

1. 建立生生小组合作社

（1）小组活动，推动班级合作。

①活动中认识合作的重要性（同读一个经典故事）。

②活动中感受合作的快乐。

我们开展了如下活动：同读一本书，共享合作阅读快乐；共养一种动物、植物，分享合作的成功；共同参与一项体育实践，体验互助的快乐。

③活动中培养合作的能力。

我们的活动是：共同参与一次实践，共享合作的意义；课堂学习，激发学生合作探究。

（2）班委活动，促进班级合作。

①每周一交流，沟通中促进合作。

②每月一展演，协调中促进合作。

③每期一更替，轮换中促进合作。

2. 建立师生合作社

（1）"用手写我心"：设立班级信箱——建立师生桥梁。

（2）创设班级博客——搭建交流平台。

（3）设定班级 QQ 平台——促进师生互助。

（二）策略二：建立家庭合作社

家长通过 QQ、家校联系本、反馈小手册与老师交流，及时了解学生在校在家的情况，认识合作的重要性，和孩子成为合作伙伴。家长在生活中善于抓住教育契机有意识地培养学生的合作意识，创设亲子活动的氛围。

为了深入到平时的亲子实践活动中，建议家长做好以下七件事：

1. 每天至少用半小时和孩子交流，谈孩子感兴趣的话题。

2. 周末陪孩子玩耍，陪伴孩子做喜欢的一件事或一项活动。

3. 每月和孩子一起阅读一本书，交流读书心得。

4. 和孩子一起学习，和孩子制定家庭学习公约，相互督促。

5. 每周和孩子一起做一次家务，对家务工作平均分工。

6. 和孩子共同协作制作一项手工制品。

7. 协作孩子制定一次外出参观、旅游，确定参观内容，明确参观路线和意图。

（三）策略三：建立年级合作社

1. 同年级合作：年级"同读一本书"。

2. 跨年级合作："大手牵小手"系列活动（"学习一对一"、"环境大家护"、"都是小巧手"、"舞台有大家"等各类帮扶活动）。

（四）策略四：营造合作社氛围

班级合作离不开有效的班级文化建设，围绕"合作"主题，开展以下班级环境建设。

1. 创设小组合作平台，增强团队凝聚力。（评比栏："谁的花儿开得艳"；创意栏："我们的舞台"）

2. 寻求合作伙伴，提升自主合作能力。（班级"信息发布台"）

合作需要共同配合，互相参与，任何一个团体都离不开合作，班集体的建设也离不开学生间的互相合作。合作使团队目标明确、思路清晰；合作让团队不分你我，真诚信任；合作激发了兴趣、增进了人与人之间的情谊；合作让班集体生意盎然，大放光彩。有了合作，班级就有凝聚力；有了合作，学生才会荣辱与共，共同奋斗；有了合作，才会让班级中的每一滴水汇聚成海。

蒙以养正

成都市实验小学　刘梦静

一、班级初印象

我很喜欢这样一句话："给我一个班，我就心满意足"。我也很喜欢我现在拥有的二年级五班，它在以"小学校·大雅堂"之称的实验小学。

我认为一个班，就是一个家。我的二年级五班，就是一个家。最美的瞬间立于墙面，浓浓的书香溢满课堂，活泼的金鱼、盈盈的绿萝点缀其间。这里有可爱的孩子，有可敬的家长，有可亲的老师们，还有我——这个班主任。向着明亮的那方，我们大手相连，牵着孩子的小手，爱意浓浓。我以"爱和责任"的名义，管理这个班，这个家。

二、班级发展规划

循序渐进，有方向，带着孩子"稳中有实"地成长！

三、班级治班策略

（一）1＋1＋1　培养团队　正心

班级大家庭的建设有赖于学生、家长、老师三力合一，三个1，解释如下：

1. 任务推动，创意无限，组建一个文化建设团队。

学生根据兴趣，家长根据特长，教师根据学科灵活多样地组建文化团队。

班级中有多少个文化专栏、多少个文化角，就有多少个任务。任务的自主选择驱动无限的创意！

2. 活动搭桥，家校联手，组建一个共育管理团队。

第一：户外活动，教师提案，家长参与设计、做好后勤保障。

第二：校内活动，教师组织，家长走进课堂、打开学生视野。

第三：班级管理，教师主导，家委会协助管理、省时高效治班。

3. 从小着眼，立足服务，组建一个暖心服务团队。

我班有 45 人，建立了 45 个暖心服务团队，你知道每个团队有多少人？答案是每个团队 4 个人。这是一道怎样的数学题？

我来讲一个温暖的小故事：春天是容易感冒的季节，我班有一位同学生病了，上课时她难受呕吐了，没有老师的指挥，第一时间，前后左右同学立刻跑上前来照顾，有搀着她上医务室的，有打扫呕吐物的。晚上，生病的同学还接到这四位同学问候的电话。这就是我们班暖心小分队的服务故事。不会有嫌弃，不会有掩鼻而过。因为我们约定每个座位周围的同学都是一个互助小分队：一人有难，四方支援。

小结：三个"一"团队，只为这个班这个家的温暖和谐而生、民主自治而生、蓬勃发展而生，方向一致，努力一致。此为"正心"。

（二）童谣声声　润养常规　正行

1. 这是我校《一日七字歌》的选句，《一日七字歌》包含着实小学生一日生活应该遵循，并形成的点滴行为规范！

太阳公公眯眯笑，按时起身不赖床，穿戴整齐精神爽，背上书包去学校，遇到老师敬队礼，团结同学不淘气。请走地上人行道，穿越马路不乱跑，离家记得别父母，路上抓紧不迟到，叠被洗漱动作快，坚持晨读记得牢。

2. 请再看一首儿歌：

下课四件事，小椅子推进去，小桌子摆整齐，地上的捡干净，桌上的东西放下去。

这是为落实"课前课后两分钟"行为规范要求，我班学生自己创作的儿歌。

3. 六七岁的孩子，童谣是他们喜闻乐见的形式。用儿歌把生活的规则，包含其中，朗朗上口！童谣的选择抑或创作，基于三个角度：

"实——内容要求接地气"；

"小——小问题小切入"；

"趣——语言活泼又有趣"。

小结：声声童谣，小而实，小而趣；童谣声声，朗朗诵读中沉淀于心底，如春雨润物无声，悄然转化成行为！此为"正行"。

（三）人人有岗 滋养特色 正己

发扬民主，才可能建设一个平等的集体，才能实现对每一个孩子个性发展的尊重；赋权于孩子，才能激发出每个孩子自主管理的创造力。

1. 学生人人有岗，确保学生公平成长。

①岗位产生：教师设定、学生自创。

②岗位内容：涉及班级管理方方面面（用PPT展示岗位名称）。

③上岗方式：单人单岗、多人一岗、一人多岗。

④上岗原则：自愿参与、轮流上岗、灵活增补。

⑤岗位评价：《公民手册》自评、岗位"积分"。

2. 家长特别岗位，确保特色活动持续开展。

①爱阅读妈妈，设立"用耳朵阅读"专栏，丰富孩子午间生活。

②爱摄影爸爸，联手出版班级画册，记录孩子成长故事。

③爱文艺妈妈，策划表演指导彩排，彰显孩子艺术才能。

④爱烘焙妈妈，现场演示指导操作，引领孩子享受生活。

小结：人人有岗位，在工作中自主参与、管理、成长；在工作中，更真切地认识自己的生命价值，定位自己的生命意义。此为"正己"。

四、结语

6岁—12岁，小学生活的六年，是孩子启蒙的重要阶段。蒙以养正，圣功也！蒙以养正，堂堂正正做人，勤勤恳恳做事！

听，花开的声音

新津县华润小学　陈秀萍

16 载的园丁岁月，让我觉得一直置身于美丽的花园之中。一个花园，里面不能只有牡丹、玫瑰……也应有各种不知名的小花。在我眼里，每一种花和草都是独一无二的，即使在花园的角落，都有自己的精彩。也正是因为有了每一种花草，花园才美丽。

所以，我对我的孩子们说：把自己的长项尽可能地挖掘，把自己的短处尽可能地弥补，没有谁能限量安排你的未来，除了你自己。

下面，请大家随我一起走进这一年我悉心经营的花园吧。

一、每一朵花都是特别的

（一）班级情况介绍："铸魂"——我爱我班

我们班共 53 人，其中男生 30 人，女生 23 人。由于男生较多，我们班很显然是一个活泼的班级。学生生源情况比较复杂，来自城区 28 人，城郊 13 人，农村 12 人，父母离异的有 7 人，留守儿童 6 人。

记得去年接这个班做的第一件事情，就是给班级"铸魂"——以"我爱我班"为班训，增强班级凝聚力。我努力和每个孩子沟通，特别要提到的是用书信的方式和孩子交流，在这将近一年的时间中，我一共给孩子写了 200 多封信，每个孩子至少两封，多的可达五六封。经过这几个月的"鸿雁传书"，"我爱我班"已成为了六（3）班的班魂，孩子们具备了一定的自我管理意识，形成了较好的学习习惯，班级凝聚力增强，整体情况良好。

（二）我的教育思想：追求真知，奉献爱心，实现自我，感受成功

作为教师，我把"成为我的学生，幸福吗?"作为评价自我教学成效的首

要指标。幸福的学生，不是只有简单的欢乐，而是有收获有成长的幸福，是引导、拔高，而不是降低、迁就。所以，我也有严厉的一面，是孩子们既爱又"怕"的老师。

（三）治班理念：童心，爱心，无为而治

（1）用童心融入学生。作为教师，我常常在想，如果我是孩子，如果是我的孩子……时刻也不要忘记自己也曾经是个孩子！所以我常常从孩子的角度出发去考虑分析处理问题。

（2）用爱心感化学生。你爱孩子，孩子就爱你！

（3）无为而治。管是为了不管：通过言传身教，发挥孩子的自我教育能力，相互教育、彼此感染。

二、幸福的园丁

我的治班方法：师—活动—家校合力—班级文化

（一）用个人魅力吸引学生

正所谓"亲其师，信其道"，只有赢得学生的心，学生才会喜欢你，班集体工作才能得心应手！

1. 讲好课

在教学中，我喜欢把复杂的问题简单化，把新知识变得简单易懂。我常常教他们"偷懒"，其实就是一些解题的小窍门，并且给"偷懒"一个新定义——聪明的人总会花最少的时间把事情办得最漂亮。这一招非常管用，只要我一说："来，教你一个偷懒的办法。"孩子们就听得格外入神，并且掌握的效果也非常好。

2. 自信、乐观

"如果连你自己都不相信自己，是没有人会相信你的"这句话，是我常在班上说的，并且注意用自己的自信作表率，以便树立学生的自信。如：开学第一天我在开学典礼上自信地演讲。在学校工作中，我"有赛必参加，有奖必争取"，给孩子树立一个进取的榜样，每次把奖状给孩子看时，告诉他们，奖状不重要，自己敢站在台上表现自己，并且用自己的进步获得大家的掌声和祝福，那是最大的收获。

3. 充满幽默

没有幽默感的语言像一篇公文，没有幽默感的课堂一定死气沉沉。没有幽默的生活，像一潭死水。在跟孩子们相处时，我从不板着脸说教，常常使用一些小幽默，让我们的相处轻松愉快。

（二）让班级活动成为孩子成长的舞台

在班级建设的规划中，通过班级主题教育活动、班级文体活动、班级读书活动、班级社会实践活动、班级心理辅导活动实现"教育无处不在"。在这一系列的活动中，孩子在成长，而六（3）班也成了他们快乐成长的"家"。

（三）架起家校教育合力之桥

教育是一个系统工程，只有把学校教育和家庭教育结合起来，形成教育合力，才能真正促进孩子健康快乐地成长。特别是毕业班级，怎样借力家庭教育，尤其重要。我们班成立班级家委会，定期举办家长沙龙，而且我和家长们还建立了一个 QQ 群。大家只有一个目标：立足孩子的后继发展，找到适合孩子们的教育方式，每天进步一点点。

（四）班级文化从单一到立体，构建有利于孩子成长的文化生态

一个优秀的班级文化体系，就好比一个优良的生态系统，孩子们会浸润在其中潜移默化地生长。我在这几方面有些经验：班主任绝不唱"独角戏"、让每一面墙都说话、让细节有文化。

三、听，花儿在静静开放——我们的"成长足迹"

近几年，我教的班曾多次被评为县级优秀班集体，并且年年被评为校级优秀班集体。今年，我班又被评为优秀班集体，我被评为新津县优秀青年教师、学科带头人，并在学校班主任大会上交流我的成功经验。

作为教师，教学工作是我们生活中极其重要的部分，要让这部分幸福快乐，就要先让我的孩子们幸福快乐，教学相长，师生相依，互相陪伴，携手向前。这就是一个老师永葆青春与激情的秘密。因为，她们天天跟一群天使在一起……

　　还有几天，这批孩子与我相依相伴的缘分即将告一段落，我将目送他们远行，看着他们身上带着我的烙印，心中藏着我给的希望，头颅向上，昂扬着我种在他们身上的理想。在祝福他们的同时，我会汲取更大的力量，迎接下一个班级，种植希望，收获梦想！静静地，听孩子们心中花开的声音，我相信：我能听到这花开的声音，在一大片一大片心田上！

让每一朵花灿烂地开放

郫县实验学校　刘晓华

有一首诗说：如果她是一只鸟，就让她尽情地歌唱；如果她是一朵花，就让她开出花的芬芳。

我觉得我的孩子们就是花朵，他们有各自的美丽，各自的花期，我要做的就是呵护、等待每一朵都开出属于自己的美丽。我治班策略的主题是：让每一朵花灿烂地开放。

一、我的教育理念

让每一朵花都相信自己能盛开；让每一朵花灿烂地盛开。

教育的真谛不只在于继承与传授文化知识，而更在于激励、唤醒与鼓舞学生对人生发展的追求，为每一个孩子提供个性成长的宽阔平台，让他们主动积极地、生动活泼地得到发展。

二、班级基本情况

本班有学生 78 人，男生 42 人，女生 36 人，其中来自单亲家庭的有 12 人，留守儿童有 8 人，身体有较严重疾病的有 2 人，体质较弱的有 6 人，有特长的学生 31 人，其中 2 人有较突出的心理问题，需要一定的心理辅导。班级整体呈现出活泼、好动、思维活跃、积极进取的班风风貌，但学生成长环境以及习惯表现两极分化比较严重。

班级口号：超越自我　求实创新

班级建设总目标：努力建设一个团结友爱、积极向上、求真务实、富有个性的班集体。

三、阶段目标

第一阶段：存真学段（1—3 年级）

定位于保存孩子天真而自然的本性，重点对学生进行日常行为规范的教育，即常规训练，从细小处着手，帮助学生养成良好的文明行为习惯、学习习惯和生活习惯。

第二阶段：承接学段（4—6 年级）

侧重于对学生进行良好的心理品质和健康人格、高尚道德情操和正确思想方法的教育，使他们具有面对挫折的承受力和对待成功的正确态度，以适应现代社会生活的需要。

四、我的治班具体策略：情感＋环境＋活动＋自主＋精细

（一）以"爱"为桥，建立新型的师生关系。

教育需要爱，教育更需要智慧。爱孩子要爱对方法，要让孩子感受到，这才是爱的智慧，针对不同的孩子用不同的方式给予他们真正需要的爱。体弱生，爱在关心；过失生，爱在信任；屡错生，爱在耐心；个性生，爱在尊重；进步生，爱在赏识；后进生，爱在鞭策。

（二）丰富多彩的班级物质文化建设，营造个性成长的氛围。

班级文化建设主题：个性班级　多彩班级

具体从以下几个方面入手：

1．"作品屋"。这是展示学生才华的园地，设计为两个版面：学生成果展、美文欣赏，充分给学生展示自我的空间。

2．"班级书吧"。孩子们自己创意、布置。这个书吧很漂亮，很特别。我要求班中的小书库天天中午开放，我会陪孩子在教室里一起看书，这样使得班集体充满浓浓的书香气息。

3．"星星展示台"。每月评出学习、运动、奋进、智慧、才艺之星，贴出

明星照，让孩子们充分展示自己，同时也激励了其他同学。

4. "成长台"。把每周孩子们夺花摘星的情况清楚地展示出来，让他们体会到成功的快乐，营造一个力争上游的氛围。

（三）鲜活、丰富的活动提供成长的舞台，也创造着快乐。

作为班主任，我愿意尽我所能，在我的班上开展各种各样的活动，为孩子们创造尽可能多的快乐，给孩子们展示自己的舞台。

1. 写班史。写身边的同学，写班级中的好人好事，写班级的奋斗历程，孩子们享受着创造"历史"的快乐。

2. 班级百家讲坛。孩子们自己办讲座，如航模制作讲座、民俗知识讲座等。自己钻研再互相学习，最后共同成长，这种教育方式显然不是老师一个人能实现的。

3. 家长讲座。充分利用家长教育资源，开设各种讲座。孩子们很喜欢。例如一位警察家长的讲座，讲安全知识，讲网络安全，讲青少年犯罪，对现在处于青春期的孩子很有帮助。每学期我们班级都会有好几期这样的讲座。

4. 感动班级人物评选。每月选一次，每次五个人，孩子们自己写颁奖词，向身边的同学颁奖，用孩子来教育孩子，这样的教育可以达到"润物细无声"的效果。

5. 班级主题活动。如"我是小小科学家"科技小制作兴趣活动、迎中秋主题班会、阳光体育活动等。

6. 开设心灵小屋。帮助有心理问题的同学解决烦恼，并在班内设置"悄悄话"的"心箱"，让同学们把自己内心深处难于启齿的问题不记名地写下来，投入"心箱"，"心箱"之锁由同学自己开启，周五早上打开"心箱"，下午用专门时间，同学们针对问题出谋划策，这样把行之有效的办法交给了学生，使学生自己摆脱障碍，调节自我，提高自我教育的水平。

（四）自主、民主的管理方式让个体充分绽放。

"人人都是班级管理中的小主人"是班级的口号，我们的教育是为了一切的孩子，我希望每一个学生都能参与班级管理，融入班级管理中。

1. 共同讨论班规

让每位同学都能充分发表自己的意见，班规由学生自己制订，并写下承诺书，也就更易让他们所接受。

2. 实行班干部轮换制

班干部采取民主选举的方式，并且每一学期班干部都要进行轮换，给更多孩子展示的舞台。

3. 人人都是管理者

除了班干部工作，再把班级其他事务具体分工为：各排纪律、地面卫生保洁、桌椅排放、讲台卫生、玻璃卫生、卫生角、图书角、墙壁悬挂物、前后黑板、四周墙壁卫生、室外2米、公物保护、清洁区、花园管理等等。每一块墙砖甚至捡粉笔头都确立了岗位，并取了一个好听的名字，如"讲台长"，其实就是负责讲台卫生；捡粉笔头，"卫生小卫士"；"礼仪巡视员"；"图书管理员"等。孩子们来竞聘，全员监督与负责。全体学生共同管理班级，每个同学在班中都有实事可做，培养了主人翁意识，激发了每一个孩子的潜能，让每个孩子都实现了自己的价值。

4. 确认作品

班上任何有创意的言行，都进行命名。如杨欣然发明了"杨欣然学习法"，蔡琰柯发明了"蔡琰柯小组合作学习法"。这就使学生有了一种生活在自己作品中的感觉，那种愉悦以及愉悦背后的积极投入，都能给班级的精神面貌带来"青春的活力"。同时让每一位学生的才华得以展现。如：墙面装饰命名、小创意命名墙等。

（五）精细化的班级管理为个性成长护航。

1. 制定严谨、规范、明确的班级行为规范准则。

课后一分钟整理：（1）对桌子，（2）关凳子，（3）捡渣子。

午间休息：第1个同学和第2个同学说话不能让第3个同学听到。

2. 激励性的考核制度——夺花摘星。具体操作也很简单：班级选9个记花小组长，一个组长负责记一个小组的得花情况，每个孩子都有一个专门用来记花的小本子，小组长每天及时记上孩子在以上各个方面的表现，扣除或奖励相应之花，根据得花的多少依次评"希望之星"、"成长之星"和"成功之星"，每个学月都要奖励。

3. 明确管理分工，科学管理评价。

班干部有明确的分工和工作细则，其余每一个方面工作也都有专人管理，每位管理者都有一本工作记录本，记录本首页是工作细则，下面是每一周、每一天检查情况的记载，每一周有一周工作总结，对自己所管理的这一块工作的情况分析，在每周管理碰头会上交流汇报，由班长负责记录、整理，最后形成班级一周工作报告，下周常规班会课上向全班同学宣读，并讨论解决方案。

五、重视家校联系，形成教育合力，共谱教育新篇章

教学工作中，我特别重视家校联系工作，在家校联系工作中努力探索，与家长携起手来，在沟通中理解，在理解中协作，主要做法有：

1. 利用"家校通"及时有效地反映孩子在校的情况和学校的要求，以及学校、班级开展的活动等。

2. 成立班级家长委员会，明确家长委员的职责。每一学期家委会都会和班主任一起组织专家讲座，指导家长的家庭教育，还会组织几次亲子活动，很好地沟通家长与孩子之间，师生之间的情感交流，效果很好。家长委员会还协助班主任解决班上发生的事，参与每次的班级大型活动。

3. 家长参与记录学生成长手册，每学期由学生、家长、教师共同填写学生学习生活各个方面的表现，每学期编辑成册，期末总结。

第二章

模拟家长会

"早恋"怎么办

成都市锦西外国语实验小学　陈明华

题目：进入小学高段后，班上出现了早恋的苗头。不少家长感到着急甚至焦虑，在与孩子的沟通方面出现了一系列的问题。请你针对这一现象召开一次家长会。

尊敬的各位家长：

上午好！感谢大家从百忙当中抽出时间来参加我们的家长会。

近段时间，我和我们班的家长做沟通时，有不少家长和我聊到了一个让大家感到有些棘手的问题，那就是有些孩子表现出了早恋的倾向。家长们给孩子讲早恋的危害，讲应该如何去处理与异性之间的关系，这些道理孩子显得有些不太明白，效果不明显，家长很着急，甚至牵引出一系列与孩子之间的沟通问题，让亲子关系也变得格外紧张。有家长跟我说："怎么会这样呢？我所说的都是为她好呀，可孩子就是听不进。可我又不能眼睁睁地看着她犯错，这该怎么办才好啊！"

这些家长的心情我完全能够理解。在这里，我首先想跟大家分享一下，我听到过的一个故事。

曾经有一位女士，得知许多小猫都喜欢吃一种鱼罐头。于是，她也给自己家的小猫买了一罐。回到家里之后，她就把罐头倒在盘子里边，想给小猫吃。可是小猫好像对这罐头不太感兴趣。于是她有些心急，就把小猫拉到盘子的旁边，甚至把它的头摁到盘子里面去想让它先尝一尝，可是小猫就是不领情，还跟女主人闹了脾气。这位女士最后非常生气，说："我是想给你好吃的，没想到你这么不识好歹，不理你了。"于是女主人到旁边去忙自己的事情去了，过了一会儿，她回到客厅，看到了一个让她感到很惊讶的画面——刚才对于罐头不太感兴趣甚至表现出强烈的抵触情绪的小猫，此刻正津津有味地吃着盘子里的鱼罐头呢！

可能不少家长也从故事当中找到了自己和孩子的影子。不是我们想给孩子的帮助不好，不是孩子不需要我们的帮助，不是孩子意识不到什么是对的什么是错的，而是我们帮助的方式出了问题。

首先，作为家长我们要在内心接纳孩子的成长与变化，这是他们人生必定要经历的一个阶段，毕竟孩子在渐渐地长大，内心萌动，异性同学间产生出一些好感，这并不是错误，也不能直接将此与早恋画上等号。把这种变化视为洪水猛兽，一出现这样的苗头或者想法，家长就给予孩子强烈的打击，这样很难有效地解决问题。

那该怎么办呢？首要的就是站到孩子的旁边和他共同去面对这个问题，而不是站到孩子的对立面，去和他战斗。

堵不如疏。当我们了解到孩子有这样的动向，可以坦诚地和他交流。比如，你可以这样跟孩子讲："孩子，感觉你对班里的某某同学挺有好感，爸爸也觉得那孩子挺不错，有很多优点，听说他的字写得真不错，而且，篮球打得也挺好的。那是一个值得交的朋友。尽管他是个男孩子，作为班里的同学关系好一点没什么，这很正常。谁说男孩子只能跟男孩子玩，女孩子只能跟女孩子交朋友呢？……"

试想，作为孩子，听到家长这样的话语，内心一定充满了感激。反之，如果在孩子面前说："你给我记住，以后给我离那个有一大堆臭毛病的男同学远点，你才多大啊，小小年纪，胡思乱想，这像话吗……"这一类的话语，会产生怎样的效果呢？这只会让孩子觉得你离她很远，觉得你对事情根本没有什么了解，觉得你对她看待别人的眼光充满了不屑，觉得你很不客观，对孩子的人际交往对象充满了偏见。这种情况下，孩子不可能在你面前敞开心扉，也很难接受你给孩子的建议，尽管那些建议对孩子来说非常重要。

要能让孩子收到自己的帮助，前提是你和孩子拥有共同的对话基础，这种对话的基础是亲子关系的和谐，是对孩子的尊重和理解。当孩子觉得父母是值得信任的，即便是一些敏感的话题上，在父母面前讨论也拥有安全感，孩子才愿意聆听，才会认真去考虑父母的建议，甚至主动寻求父母的帮助。

拥有了这样的对话基础，你可以给她讲："做朋友很好，但是，一定要学会保护自己，要有自己的底线，明白哪些事情是绝对不可以做的，女儿，爸爸妈妈知道你一定清楚。如果遇到什么问题想不明白、不知道该如何处理，一定要及时跟爸爸妈妈讲。"这样的话，才能进入到孩子的内心，帮助孩子建立起自我保护的意识和防线。

此外，还可以主动出击，协助孩子将朦胧的同学情感转化为阳光下健康的同学情谊。比如说，主动召集孩子和班里的其他同学，一起参加活动。将孩子与孩子之间那种微妙的情感，培养成纯真的友情，值得珍惜的同窗之谊。同时，也别忘了帮助孩子参与各种活动，让时间精力的分配变得更加丰富一些，这样也可以让孩子的视角从学习生活的小圈子里拓展开来，让他们看到，眼前的生活只是自己人生当中很小的一个片段而已，用更长远的目光对他们当下的一些情感和观点做出调解。

作为父母，要做孩子人生的导师，做孩子最亲密的伙伴，而不是高高在上，做一个发号施令的将军。我们切不可急火攻心，自乱分寸，这样不但不能帮助孩子解决问题，反倒使情况变得越来越糟。这是一种沟通的智慧。为人父母，可能早晚要面对这样的考验。所以希望我们今天的家长会能够帮助大家解决一些当下面临的困扰，或是为今后大家可能会遇到的此类问题提供一些方法参考。

感谢大家参加今天的家长会，祝愿孩子们能够健康快乐地成长，顺利通过人生这些小小的考验，也祝各位家长生活愉快！

新班主任的第一次家长会

成都石笋街小学　吴薇

题目：中途接任四年级一个班级（之前被称为乱班），学校要求作为新班主任的你召开一次家长座谈会，你准备在家长会上如何与家长交流？

各位家长：

大家好！我是这个班的新班主任吴老师。

我很高兴，能够从本学期起担任这个班的班主任，更高兴能够有缘分和孩子们，和你们成为朋友。

一、自我介绍，拉近距离，排除顾虑

各位家长应该都对我这个中途接班的班主任感到好奇吧，那我就先做一个自我介绍：

我 2003 年毕业于四川师范学院中文系，毕业之后就走上了教师岗位，迄今已经有 10 多年的教龄了。这期间，我带过一个毕业班，教过两个四年级，应该说在教育教学方面还是比较有经验的（用 PPT 展示个人简历、获奖情况），所以对接任这个班的新班主任我还是很有信心的，也请家长对我放心和有信心。PPT 上有我的各种联系方式，家长可以通过这些方式随时和我沟通交流，您有什么好的意见或建议也欢迎随时联系我。

二、分析现有班级情况，让家长做到心中有数

各位家长，我接这个班已经有两周了，在接班之前我就和上一任班主任做了充分的交接工作，也通过各种途径从行政老师、科任老师那儿了解我们班的学习、操行、班风等情况，再加上这两周我实际带班的感触，我对班级的现有班情、学情做了一个梳理，现在和大家分享一下，好让大家也充分了解我们这个班的整体情况，做到心中有数。

可能大家之前也有所耳闻，我们这个班被称为"乱班"。对于这样的称呼，相信大家都不愿意听到，作为班主任，我也不愿意听到。但是，既然问题摆在那里，我们就必须要正视，还要分析出成因，才能找到对策。我想，之所以成为"乱班"，是因为班风不正、学业不精。下面，我们就具体来谈一谈：

（一）班风

我班共有 46 个孩子，24 个男生，22 个女生。班上大部分同学聪明好动，性格独立，对事物有自己独特的想法和见解，但是对学习的热情还不够，缺乏主动获取和探索知识的热情和愿望，因此班级整体成绩在年级中并不理想；作为一个班级也还不够团结，有个性而不知合作，形同散沙，缺乏班级的凝聚力和团队协作意识。

（二）学情

说完了班情，再说说大家最关心的学习成绩吧。根据和前班主任、科任老师的交流沟通以及开学以来的两次单元检测，我做了班级的成绩分析，发现班上孩子成绩两极分化情况严重。我班学生现在正处于中段的四年级，是一个很重要的时段，有的孩子已经养成了良好的学习习惯、掌握了科学的学习技巧，所以学起来比较轻松；但有的孩子由于之前的基础不够坚实，没有掌握学习方法，缺乏自我约束能力和上进心，所以成绩不太理想，而正是这一部分孩子又特别需要老师的帮助和家长的督促，让他们能够尽快调整学习状态，弥补一些学业上的盲点和弱点，缩小和其他同学的差距。针对这种情况，我会在本学期今后的时间里，分批单独找这些同学谈话，了解他们的想法，和他们一起制订学习阶段目标，共同找到一些适合他们的学习方法，同时也会找时间请有经验

的老师、家长做讲授嘉宾，开展每两月一次的家长课堂，让家长不仅仅是孩子生活上的后勤服务队，还是孩子学习上的引领者和帮扶人。我们老师、家长、孩子三方共同努力，相信一定能够事半功倍，让孩子对学习有信心、有兴趣、有成效的。

对于班上那些非常优秀、拔尖的孩子，我们还可以再严格要求他们，挖掘出他们的最大潜力，班级、学校都会给他们提供展示的舞台。当然，我刚才说过我们是一个班集体，是一个需要凝聚力的大家庭，所以在本学期我还将请这些同学担任学习小组的组长，以"手拉手、一对一"的形式帮扶结对，帮助那些学习后进的学生，也希望家长能够对此理解和支持。

三、分享采取的治班举措，家校合力，提高效率

针对现有班情和学情，我有一些自己的经验之谈，在这里不妨和大家一起分享：

（一）培养孩子好的习惯

"习惯决定命运"，在孩子性格养成的重要阶段，我们要充分把握住孩子可塑性的特点，潜移默化地教给他们良好的生活习惯和学习习惯：

1. 生活习惯：懂礼节、有规矩、爱劳动、讲卫生……

2. 品德习惯：守时、团结、敬老、爱幼……

3. 学习习惯：倾听习惯、书写习惯、阅读习惯、思考习惯……

相信通过以上习惯的培养，我们班一定能变得团结、有凝聚力，而不再是一盘散沙。本学期，我们也将结合家庭教育，在学校开展一系列的"树榜样、正班风"班会活动，以学校、班级的优秀学生为楷模，发挥榜样的力量，激发正能量，让孩子们感受勤学、好问、团结、尊重等品质才是一个人最大的人格魅力！

（二）转变自己的教育理念、提升自我的教育素养

1. 家长互动，分享育儿宝典，转变陈旧的教育理念

父母是孩子最初的启蒙者，也是陪伴孩子时光最多的人，你们对孩子的影响是巨大而深远的，你们的思维影响着孩子的思维，你们的行为感染着孩子的

行为，因此你们是孩子最好的老师。

我们班上某某同学品学兼优，上学期还担任了学校大队长，他的表现得到了老师和同学的广泛好评。前两天，我和他聊天。我问他为什么这么优秀啊。他说，之前他也遇到过学习上的瓶颈期，多亏了老师和妈妈的帮助他才顺利克服。说到他的妈妈，还自有一套"育儿宝典"呢。今天，我们就特地请到了某某的妈妈，和我们简单分享一下她是怎么培养出这么优秀的孩子的。掌声有请某某妈妈！（家长会前事先和该家长做好交流沟通，让家长有备而来、有话可谈）

谢谢某某妈妈精彩的经验分享，看来陈旧的"唯分数论"在素质教育的大背景下是行不通了，智慧的教育者都会更多地去关注孩子的全面发展和长远发展。一个优秀孩子的背后离不开智慧的爸爸、妈妈啊！希望今天某某妈妈的一席话能够让在座家长有所得。

2. 推荐教育类书籍，提升家长的自我教育素养

各位家长，其实我也身为人母，我的孩子今年刚上小学一年级。因此，我深深感受得到父母望子成龙的那份心情，但有时候光有美好的愿景而没有切实的策略，很可能孩子还并不买我们的账呢。我的孩子虽然年龄还小，可是也很有"独立精神"啊，有时候和我辩论的时候真是气得我哑口无言。我冷静下来想想，和孩子针锋相对毫无用处，所以就心平气和地冷处理，并利用冷处理这段时间自己去找了一些这方面的书籍，看完之后很受启发，在这里也推荐给爸爸妈妈们。

（用PPT展示《爱的教育》《好妈妈胜过好老师》《重遇未知的自己》）

3. 重视家校沟通、发挥家校合力

希望各位家长利用家校本、班级QQ群、班级博客圈等多种方式，和老师保持沟通，了解孩子的思想、学习状态，不仅关心他们的学习成绩，也多寄予他们情感上的关注，多鼓励、多肯定，建立平等、和谐、愉快的亲子关系，相信这也一定能有利于他们发挥出更大的潜力。

相信，我们老师、家长、孩子心往一处想、劲往一处使，一定能让这个班甩掉"乱班"的帽子，把这个班变得优秀！让我们一起努力，加油！各位家长有信心吗？

真高兴听到在座家长这么有力的回答！那么今天的家长会我们就到此结束，还有什么未尽事宜家长可以打电话或者 QQ 留言，我们进一步沟通。

谢谢家长朋友们！

厚道是最好的尊重

金牛区人民北路小学（华侨城校区）　肖娟

题目：你们班有一男生体型偏胖，其他的同学常常取笑他。你想利用家长会告诉家长引导孩子学会尊重他人，你会怎样在家长会上和家长沟通呢？请你模拟家长会情景做 10 分钟的演讲。

一、观看视频：校园剧《森林运动会》（时长约 2 分钟）

演员：三年级三班全班同学

主要剧情：全班同学分别扮演不同的动物，根据不同动物的特长参加森林运动会的不同项目。如：长颈鹿、大象比摘高树上的果子；老虎、狮子赛跑；黑熊、犀牛进行摔跤比赛；猴子、松鼠比赛爬树；青蛙、兔子参加跳远比赛……

校园剧表演结束后采访学生：出演这个校园剧有什么感想？学生回答：每种动物都有自己的特长，不能小看别的动物。其实人也是一样，各不相同、各有所长，我们就应该多看到别人的优点，取众人之长补自己之短。

（请家长简单说说观看这个视频后的感想。）

二、分享自己的故事引出班里某某同学的烦恼

我在读师范那几年，很喜欢跳舞，但毕业汇演时，因为身形太胖，被舞蹈老师无情地拒绝了："你这么胖，连演出服都穿不上，不能参加演出！"倍受打击的我立志减肥。

现在，我们班某某同学也遇到了我当年那样的烦恼，这个男生因为体型稍微偏胖，我们班的其他同学经常取笑他。

三、了解分析某某同学体型偏胖的原因

据我平时的观察发现：某某同学食量不大，也不会暴饮暴食；体育课、大课间等他也注意运动，跑步、跳绳等运动他都没落下。那么，他体型偏胖应该是有苦衷的，接下来就有请某某同学的妈妈为我们说说。

（某某同学的妈妈简单发言，两层意思：其一，分析孩子体型偏胖主要因为家庭遗传和药物影响；其二，表达孩子全家希望得到全班同学以及家长们的理解，自己的孩子能够与班里的同学和睦相处、相亲相爱。时长约1分钟。）

作为一位母亲，我听着刚才某某妈妈的讲话，心中感慨万千！我相信：我们班的所有家长都能明白你的心情！

四、故事《厚道的温度》牵动家长的心

我听说这样一个故事，一个出生在英国大家庭的孩子因为另一个孩子喝汤时发出了声音而忍不住发笑。他的妈妈告诉她："自己喝汤时不发出声音，是礼仪；别人喝汤发出声音时，我当没听见，不嘲笑，是厚道。"这个故事就叫《厚道的温度》，它告诉我们做一个"厚道"的人会带给身边的人温暖。

而此时某某同学非常需要得到大家的温暖，希望家长们能将你们身上的好品质渗透给孩子，让他们能厚道一些，学会尊重每个同学的不同！

五、帮助某某同学重塑自信

在座的都是爸爸妈妈，我们能看到自己的孩子有许多优点，也请用这样的眼光来看待班里所有的孩子。你们现在不仅仅是自己孩子的家长，更是三年级三班48位同学的家长！

通过一开始由全班同学共同出演的校园剧《森林运动会》，我们看到了不

论高矮胖瘦，所有的动物都有自己擅长的地方，每个动物也有自己不足的地方。我们的孩子也是一样，"十根指头有长有短"，作为家长、老师，我们更应该做的是让孩子们看到自己的优点，发挥自己所长，也要多多学习别人身上的优点，这样孩子们才能越来越自信，一天天成长！

其实，咱班某某同学朗诵挺不错，是校园广播站的播音员。之前，我跟他就今天的家长会的事聊了聊，他特别希望得到各位爸爸妈妈的认可，他愿意在这儿为大家表演朗诵。掌声有请某某同学！

（某某同学朗诵，时长约 1 分钟。）

某某同学，各位爸爸妈妈热烈的掌声已经证明了：大家都觉得你很棒！孩子，爸爸妈妈爱你，老师爱你，同学们都很爱你！

非常感谢三年级三班每一位爸爸妈妈，因为有你们，我们班更有爱！

培养幸福的孩子

成都师范附属小学　曾雯

各位家长，大家好！今天，我能来到这里，分享你们的孩子第一次入学的喜悦和美妙，感到很荣幸！从今天开始，你们的孩子将成为附小的学子，成为每位附小老师所挚爱的学生，我代表每一位附小老师，将我们最真挚美好的祝福送给每一位孩子！

爱，是需要能力的，是充满智慧的。我们都知道，"幼小衔接"意义重大。今天，我以一位附小老师和一位附小学生家长的双重身份，在孩子这个新阶段的开始，和大家交流自己的点滴体会。

一、什么是幸福

相信每位家长都希望自己的孩子一生幸福快乐。这与我们的教育目标一致吗？让我们来看看联合国教科文组织提出的 21 世纪的教育理念：让孩子学会求知、学会做事、学会共处、学会生存，充分发挥自己的潜能，学会过美好的生活，使每一个孩子能够成为创造幸福生活的人。

幸福指什么呢？词典上的解释是：持续时间较长的对生活的满足和感到生活有巨大乐趣并自然而然地希望持续久远的愉快心情。孩子在持久的求知、做事、合作、生存、创造中体验、享受巨大的乐趣，从而保持内心层面的满足和快乐，也就拥有了快乐。这和物质占有所享受的快乐，是有本质区别的。真正的幸福快乐是需要努力获取的——从求知中，从做事中，从合作中，从生存中，从创造中。得悉这一点，我们的学校教育、家庭教育才是理智的，更是统一的、有效的。

二、不适与应对——播下幸福种子

1. 环境生疏

▲多关心、多交流；

▲鼓励孩子主动交新朋友；

▲鼓励孩子多参加班级的集体活动；

▲对老师充满信任感。

2. 作息改变

▲学会安排时间；

▲学会使用闹钟；

▲坚持早睡早起。

3. 学业加重

▲激发学习兴趣；

▲培养倾听习惯；

▲强化规则意识；

▲重视及时改错；

▲落实课前准备。

4. 家庭作业

▲开辟安静、少摆设的角落，有固定桌椅；

▲学具简洁，勿花哨；

▲鼓励独立思考。

三、家校共建——甘为幸福导航

1. 家庭教育

▲重视身教；

▲尽责陪伴；

▲充满信心。

2. 家校合作

▲互信务实；

▲由表切里；

▲着眼全面；

▲理智宽容。

我们的孩子不需要总是光芒万丈，是金子总会发光的，这也是孩子们在不断面对挑战的时候，需要我们大力支持的原因。

最后，让我们一起读读罗纳德·拉塞尔的一首诗，并以此共勉：

幸福的孩子

生活在嘲弄中，孩子学会的是胆怯；

生活在批评中，孩子学会的是指责；

生活在怀疑中，孩子学会的是欺骗；

生活在敌意中，孩子学会的是争斗；

生活在温柔中，孩子学会的是热爱；

生活在鼓励中，孩子学会的是自信；

生活在公正中，孩子学会的是正直；

生活在表扬中，孩子学会的是赞赏；

生活在知识中，孩子学会的是智慧；

生活在幸福中，孩子学会的是爱和美。

相信，当我们年迈的时候，回想我们的韶华岁月，最宝贵的记忆，可能都来自于我们和孩子一起度过的无与伦比的美妙时光。让我们共度这六年，和孩子们一起不断享受创造的幸福！

怎样开好家长会

成师附小　程科

苏联教育家苏霍姆林斯基说："两个教育者——学校和家庭，不仅要一致行动，要向儿童提出同样的要求，而且要志同道合，抱着一致的信念，始终从同样地原则出发，无论在教育的目的上、过程上，还是手段上，都不要发生分歧"。要在家庭与学校之间架起一座金色的桥梁，使学校教育与家庭教育有机地结合起来，而家长会则是联结家庭教育与学校教育的纽带。一次好的家长会，能使家庭教育很好地配合学校教育，促进学校教育的深化与完善。

要开好家长会，可以从以下几个方面注意：

一、针对性：准确把握家长心理和需求，目标"小而清晰"。

二、全面性：展示班级和学生的发展状况（兼顾每一个）。

三、互动性：不搞"一言堂"，注意互动性、参与性。

四、层次性：不同群体的层次，有不同的情况和需求。

五、情感性：情知结合——以知启情，以情促知。

接下来，我以"成都市班主任技能赛"中抽到的题目为例，给大家讲一讲。题目就是"你是2、3班的班主任，怀孕了之后班级将换老师，家长们有些担心，家长会怎么开？"

1. 展示学生活动、班级获奖情况，让家长看到孩子的良性发展——养成了良好习惯，学习有主动性，团结奋进，自信大方，家校沟通良好。（照片和数据等）

2. 揭示班级课题，展示问卷调查的结果。

（会议前一周发放调查问卷，了解家长对此有什么担忧。）

（1）担心原来的老师休产假之后不会回到班级任教了。

（2）担心原有的习惯和规律会打乱，对孩子学习习惯和成绩有影响。

（3）担心新老师不够了解这些孩子。

（4）三年级是形成分化的一年，是小学学习中重要的一年，担心这个时候换老师会让孩子们不适应。

3. 家长分组讨论，谈谈我们的班级该怎么面对这个课题。

邀请家长代表发言。王天奕的外婆曾是中学优秀教师，她说："看成一个成长锻炼的机会，培养适应能力和沟通能力以及对自己学习负责的能力。"

4. 尽快与新老师建立连接。

主动交谈，给老师讲自己的担心和不适应。

5. 向家长展示"学生心语"，让他们看到孩子的积极乐观，看到孩子看待这个问题的不同角度。

班干部：管理、引领、合作在班级自主管理上有很大的施展空间。

成绩居中的学生：寻找机会上升空间大。

成绩暂时落后的学生：打翻身仗重塑自己的机会。

6. 介绍班级新老师。

有3年教学经验，年轻易于接受新事物，时间和精力充沛，有爱心、幽默，完全有能力和我一起衔接和过渡，逐渐磨合一个学期，放学后，老师会密切合作，共同关注学生发展。

7. 我给家长们的建议。

（1）爱心教育对老师和妈妈的体谅和关爱，了解妈妈的孕期故事"护蛋体验"。

（2）关注孩子情绪比关注孩子成绩更加重要。

（3）看到积极方面不比较，树立威信。

（4）相信孩子的能力。

（5）主动与老师沟通。

成功召开家长会，给班主任工作带来哪些好处呢？

1. 增进了解，形成合力。

2. 展示专业能力，获得家长的认可和信任。

3. 及时解决问题，尽量形成共识。

有你，有我，有孩子，班级再上新台阶！

龙泉驿区第一小学校　冯玉兰

题目：你所带班级获得了区级"优秀班集体"称号，同时，你也获得了区"优秀班主任"称号，你想在期末家长会上告诉家长这个消息，目的在于通过传递这个信息，提升家长对学校、班级的各种认同，同时也增强同学们的自豪感。请你模拟家长会情境，做交流。

【现场回顾】

环节一：开场白

尊敬的各位家长，大家好！欢迎大家来到今天的家长会现场！感谢你们抽出时间来和我们一起共同关注孩子们的成长和班级的发展，更要感谢大家多年以来对学校、班级和老师工作的理解与支持。正是有了你们的理解与支持，才营造了我们班级良好的家校共育氛围，才让我们班获得了良好的发展，才让我们的孩子发展得很好。

相信大家已经从孩子口中得知了我们班获得了区级"优秀班集体"称号，我个人荣获了区"优秀班主任"称号这个好消息。在这里，我特别想说的一句话，也是我们这次家长会的主题，就是——"有你，有我，有孩子，班级再上新台阶！"

环节二：回顾过去

首先，让我们一起来回顾一下我们这四年所走过的路。请看PPT。

（模拟课件展示过去的一些照片）一年级的时候，我们经历了一个磨合的过程。刚开始，孩子们来自不同的幼儿园，相互之间并不了解，并不认识，家长之间也比较陌生。在这一年里，我们开展了各种各样的活动，加强了家长与孩子、家长与老师、孩子与老师之间的交流。

通过一年级的磨合，我们进入了二年级。二年级时，我们班级呈现了团结友爱的氛围。在这一年里，我们也通过全班同学与家长的团结、努力，获得了很多很多的成绩。

在三年级的时候，我们确定了创建"3E"班级，培养"3E"少年的目标。我记得，当时我们也开过一次家长会。那次家长会上，我们一起认识了什么叫作"3E"班级，什么叫作"3E"少年。之后，我们便为实现这个目标一起努力着。

现在到了四年级。四年级，我们的"3E"班级建设和"3E"少年培养初获成效。我们班被评为了区级"优秀班集体"。我也很荣幸地获得了区级"优秀班主任"的称号。

家长们，这就是我们这四年所走过的路。我们这四年，一步一个脚印，走得踏实，走得稳健；这四年，我们既有付出，更有收获。

环节三：总结现在

接下来，请家长从抽屉里拿出一份材料。这份材料是同学们所写的期末总结，以及他（她）小组的同学对他（她）的评价。请家长们好好用心读一读吧！

（稍做停顿，模拟在家长会上给家长阅读材料的时间）

我看到有些家长眼眶已经红了。是的，你们的孩子在不断地努力，也在不断地进步，不断地成长。他们多么令人骄傲呀！

环节四：展望未来

下面，请家长们拿出你的笔，在这份材料的背面写下你对孩子的评价。建议大家要多多地鼓励孩子，让他们对未来充满信心！

家长们，请看，这是孩子们最近写的一篇作文，题目是《我为我的班级而骄傲》。这些是作文的片断。从孩子们的字里行间，大家一定都感受到，当我们获得区级"优秀班集体"称号这个消息在班上不胫而走的时候，孩子们的心里是多么骄傲。是的，这是他们共同努力的结果，当然，也是家长们和老师们共同努力的结果。因此，让我们也共同骄傲吧！

我们小学的里程，已经走过了三分之二，接下来孩子们将进入五年级。五、六年级是小学高段。那么，孩子们在这最后的两年里，该怎么发展呢？我想，我们现在获得了区级"优秀班集体"称号，那下一个目标是不是应该奔着市级"优秀班集体"称号去发展呢？（稍作停顿，模拟在家长会上由于刚才的话引起家长共鸣，所以家长不约而同地鼓起掌来）谢谢大家的掌声，你们的掌声就是肯定，就是和我，和孩子们一起认同了这个目标。那就让我们向着这个目标前进吧！

环节五：班主任的引领

家长们，有一个三角理论说，家长、孩子、老师，他们就是一个等腰三角形。孩子在三角形的顶端，家长和老师在三角形的底端。家长和老师的距离越近，沟通越紧密，顶端就会越高，它意味着孩子们发展得就越好。我很认同这个观点。孩子们获得健康成长，获得进步提升，是和家校合作分不开的。在此，我想给家长们提出一些建议，让我们来共同努力，把我们的班建设得更好，让孩子们发展得更好。

第一，希望家长们能继续理解、支持学校工作，与老师们一道努力，促进孩子更好地发展。

第二，孩子们进入小学高段了，即将走进青春期，他们很有可能会出现更亲近同伴而不愿意和家长交流的情况，家长们对这个问题要引起重视，当然也不必惊慌失措。建议大家可以读一读央视心理访谈栏目特邀专家周正的《周正亲子二十法》这本书，里面有相关的内容。当然，如果你们有空的话，看一看央视心理访谈栏目的节目，也是会大有收获的。

第三，希望家长们今天回家以后，和孩子交流的时候，要让孩子感受到你们为我们班获得优秀班集体这个荣誉称号是感到非常骄傲的。要把你的这份骄傲传递给孩子，要让孩子感受到积极的态度、积极的力量。

让我们和孩子一起努力吧！相信，有你，有我，有孩子，班级一定会再上一个新台阶！

谢谢家长们的仔细聆听和积极参与，再见！

【赛后反思】

我对自己在此次模拟家长会上的表现总体是比较满意的。家长会的环节设计从过去到现在再到未来，从现实情况分析到理论指引，思路清晰，目的明确，比较好地达到了题目中的要求。在此次模拟家长会中，采用了 PPT 展示照片、读孩子的总结、为孩子写评语、给家长讲解理论知识、推荐相关读物等多种形式，让家长会的氛围更活跃一些，家长和孩子们的收获更大一些。

但是，这次模拟家长会也有一些不足之处。如，对家长的称呼在赛场上用的是"尊敬的各位家长朋友"，这原本无可厚非。虽然家长听起来会感到被班主任所尊重，却也失去了亲切感。称呼若改为"亲爱的各位家长朋友"，感觉会更好一些。又如，从班主任的实际工作情况来看，每一次集中家长会后都会有部分家长留下来，要求与班主任多沟通。此次模拟家长会，因为时间限制，没能完成这个环节——环节六：与个别家长单独交流。

拿什么拯救青春期的孩子？

龙泉第十六小学校　杨再宇

班级情况：

你所带的六年级一班，由于即将毕业，许多孩子出现了青春期的问题，有的同学学习心不在焉，有的同学整天闷闷不乐，有个别女生思想开始早熟，在班级里说一些超过自己年龄的话。请你根据班级情况，开一次家长会，与家长交流沟通，改变现状。

情况分析：

六年级一班的问题是学生到了小学高段出现的，和生理的变化有关，随之而来的是思想上出现了一些偏颇现象。青春期的孩子处在叛逆期，有自己的想法，也容易被小团体的思想影响，有的时候会带来积极的影响，但更多的是负面的作用。问题已经摆在眼前，班主任在开家长会的时候应该将家校有机地结合起来，成为学生的良好关系链条，将学生的思想带入正轨，去除掉不良行为。

模拟家长会：

一、向家长致谢

尊敬的家长朋友，你们好，欢迎走进六年级一班的教室，感谢六年来对我们工作的支持，从这一点就可以看出你们对自己子女的关心，对我们学校工作的支持，也是对我们教育工作的最大帮助。家长会的真正意义在于给孩子鼓励，在孩子们心中，家长来参加家长会，也就是对他们的关心，对他们的爱，他们会感到无比骄傲、幸福。临到小升初，我班召开这一次家长会，不是为了成绩，而是我们需要沟通思想，让你的孩子健康成长。

二、学生的内心话，从 QQ 空间开始

不少家长总是认为自己生育养育了孩子，他就应该无条件服从自己的任何想法。可是现实不是这样的，究竟有多少家长认为了解自己孩子的？我们在大屏幕上看这几条，是我从你孩子 QQ 空间里找到的信息。

1. 我是该安静地走开，还是要勇敢地留下来。

2. 我讨厌妈妈，她老是不顾及我的感受。

3. 你给的爱，我感受到了，那又怎样？

4. 我恨你们，我恨你们，总是撇下我一起玩！

······

从你们张大的嘴中，我读到了你们的吃惊，这些话都是我们班孩子写的，他们正处于一个似懂非懂的阶段，家长如果不加以重视，那么这些孩子就会误入歧途，最后悔之晚矣。

三、一封来自火星的信

这学期，我在自己的抽屉里发现了一封信，信封上写着《一封来自火星的信》，并且没有署名，为了让我看不出笔迹，还特意用了潦草的笔迹。信上的第一句话就让我很难受："老师，我真的在这个班上和家里都待不下去了。"

看到这句话，我迫不及待地读了下去，读到了一个孩子的无助，作为班主任，我有责任，家长也有责任，但我们更应该思考，如何帮他走出难关。

信中写道："班上的人几乎都不爱搭理我，她们几个跳橡皮筋也不叫上我。因为有一次，有个同学掉了一支钢笔，她们都怀疑是我偷的，可我真没有偷，我哭着喊着她们也不信。从此以后，老师，我真的不知道可以给谁说了，我想告诉我爸爸妈妈，可我还没说，他们就让我去写作业，去看书，稍微不如意，他们就恶狠狠地骂我、打我，有时候我甚至怀疑自己是不是他们亲生的。我真的烦透了，书一点也看不进去，现在我晚上也睡不好了，不知道该如何是好？"

我的家长朋友，这是一个多么感性的孩子，她想好好和同学们交朋友，想

和爸爸妈妈多聊一聊，但是有的家长以工作繁忙为由，拒绝和孩子一起互动，还有一些家长甚至打骂孩子。你的孩子会和你交心吗？希望大家利用晚上的空余、吃饭的时间、周末的休息时间多和孩子接触，聊一下班集体的事情，聊一下上课的内容，只有和孩子建立深厚的感情，才能让孩子获得优质的教育。

四、班级亲子活动

上个月的"做一天孕妈妈"活动，我们开展得非常顺利。同学们在气球上写上祝福的话，将气球放在自己的怀里。请想象一下这个画面：写作业、做操、劳动等都将气球放在肚皮上，这是多么不容易的事。活动之后，不少学生将这些录成了视频，家长也从中看到自己的孩子是如何表现的。孩子们需要这样的教育，也需要你大力的支持。近期，班级家委会打算开展一次郊外野炊的亲子活动，你也抽点时间出来，和孩子一起深入地聊一聊，有了互动，才会有父子情深，母女贴心。

五、卡片里的秘密

前段时间我们班还开展了这样一个活动——《爸爸妈妈我想对你们说》。在老师的引导下，孩子们写下了想对爸爸妈妈说的话，每一张卡片上都是孩子们的肺腑之言。我们来听一听这位孩子是如何写的，看家长能不能猜出来是谁？

"爸爸，我想对您说，您是一个好爸爸，但是您从来没有考虑过我的感受，您说我马上就要小升初了，给我报了好几个补习班，但这些补习班只有一个我想去。爸爸，我长大了，您能和我商量商量吗？"

我刚才看到有家长在苦笑，看来，我已经在人群中找到了这位爸爸。是的，你生育养育的孩子是你最亲的骨肉，但是他依然是他，不是你的附属品，你的孩子总有一天会长大，每一个孩子在青春期中都会遇到挫折，如果孩子犯错，更好的方法应该是交流、沟通，而不是一味地责骂，我希望这次家长会后能看到家长有所改变。

谢谢家长们的支持，我愿意和你们共同走过这一段日子！

战"痘"路上，我们携手同行

蒲江县实验外国语小学　钟玲

题目：班级近期轮流爆发几例水痘，学校已经按要求对校园消毒并让孩子严格隔离。期间却又有新增病例，为此有很多家长很惶恐，甚至草木皆兵。作为班主任的你准备怎样在家长会上与家长沟通这个问题呢？请你模拟家长会情景，做10分钟的演讲。

亲爱的家长朋友们：

大家好！

"一切为了孩子，为了孩子的一切"是我们共同的心愿，为了这个目标，我们又一次聚首在这里。孩子成长的点点滴滴，孩子的喜怒哀乐，都牵动着每一位家长的心，同样也牵动着我们每一位老师的心。对于最近这段时间轮流爆发的水痘事件，大家谈"痘"色变，甚至草木皆兵的心情，我万分理解。患了水痘的孩子的家长一是担心孩子的病情会不会恶化，二是担心在家休息会影响学习，更担心的是孩子病好后会出现什么后遗症。没有的家长则担心哪天自己的孩子不小心染上水痘，前面家长的担心又会降诸自己的头上。"可怜天下父母心"，谁不想自己的孩子能健康茁壮成长呢？为了孩子，战"痘"路上，需要我们携手同行。

首先，"知己知彼，百战百胜"。作为家长，我相信大家一定通过各种渠道对水痘有一定的了解了。我们要充分意识到水痘是可以治疗的，它不同于我们知道的"非典"、癌症等，它是一种病毒性传染病，虽然它是一种高传染性的疾病，接触到病患的皮肤或吸入其传染性口沫，约10至20天后发病，但它是自限性疾病，一般可在2周内痊愈。要治愈的关键就是早发现，早治疗。

其次，"塞翁失马，焉知非福"。由于水痘是自限性疾病，病后一般会获得终身免疫，患了水痘的孩子以后就再也不会患上水痘，您就应该用这样乐观的心态面对眼前的问题。

第三，"防患于未然"。学校方面加强了早晚的消毒，班主任在接受了专业医生的指导后也加强了晨检、午检，做好了疫情的排查工作。可能有家长会质疑，既然在消毒检查，为什么会有新增？这是因为水痘的潜伏期为1－2周，所以有一部分与水痘患者接触过的孩子，自己都不知道。

基于以上几点，真正要战胜水痘，需要我们从以下几方面做好配合。

1. 用积极阳光的心态影响孩子。

在孩子的心目中，您就是他的天，他的镜子，如果面对眼前的这种现状，您整天在孩子面前表现出担忧、焦虑、恐惧，有病的孩子的情绪就会和您一样低落，没病的孩子也会惶惶不安，孩子不快乐了，心理就不健康了呀！举个简单的例子，两位妈妈带两位小孩在公园里玩耍，看到美丽的蝴蝶，两个孩子都去追赶，同时摔到了，一位母亲大惊失色，赶快跑过去，把孩子抱起来，不停地问："疼不疼？"孩子哭得特别厉害："我好疼呀。"另一个母亲微笑着说："没关系，自己爬起来！"那小孩爬起来拍拍身上的泥土，又去快乐地玩耍了。第一个妈妈给孩子的是消极的心理暗示，在心理上暗示孩子摔跤很痛。第二个妈妈则用淡然平静的态度暗示孩子摔跤没什么大不了，自己应该从哪儿跌倒了就从哪儿爬起来，这就是积极的心理暗示。希望家长们用这种积极的心理暗示我们的孩子应乐观地面对眼前的困难。

2. 不讳疾忌医，不隐瞒病情。

有部分孩子的监护家长是爷爷奶奶辈的，因此在水痘的治疗上有自己的一套土办法，可是如果不注意方法可能会导致孩子病情的延误。孩子在家里隔离期间，请让孩子不与没患水痘的孩子接触，隔离应持续到全部疱疹干燥结痂时为止；为避免孩子用手抓破痘疹，引起感染病变，甚至留下疤痕，要把孩子的指甲剪短，保持双手清洁；衣被不宜过多过厚过紧，太热了出汗会使皮疹发痒；对接触水痘疱疹液的衣服、被褥、毛巾、敷料、玩具、餐具等，根据情况分别消毒，不要与健康人共用；同时还要勤换衣被，保持皮肤清洁。发现出疹后持续高热不退、咳喘，或呕吐、头痛、烦躁不安或嗜睡、惊厥时，应及时送到医院。在家时不要因为孩子不舒服就允许他长时间看电视、打游戏等，要保持正常的作息时间。在饮食上，孩子的食物以清淡营养的为主。

家长发现孩子有疑似症状或是与有水痘的孩子接触过后，要及时做好隔离和治疗。同时在这段时间不要带孩子到人群集中或是患有水痘的孩子家去玩耍。

作为学校和老师方面我们正在和将要在以下几方面做好工作。

1. 加强水痘防病宣传，教育和培养学生良好卫生习惯，做到勤洗手，以免传染病交叉感染。

2. 教室经常开窗通风，保持环境整洁，空气流通。

3. 学校每天晨检，发现水痘患者应及时报告，隔离传染源，患病学生必须在家隔离治疗，待结痂干燥后方能复学（自发病起 21 天左右）。

4. 联系医院，征得家长同意对易感儿童接种水痘疫苗。

5. 调整学校菜谱，以清淡营养的食品为主。

6. 对在家隔离的学生，老师会及时将每日学习课程和导学案，通过 QQ 发给每一位家长。放学后老师将分批进行辅导。孩子康复到校后，我们也会给予孩子充分的帮助，让每一个孩子都能在学习上不掉队。

我相信，经过我们共同努力，就像当年我们众志成城战"非典"一样，水痘会消失得无影无踪，患病的孩子们又会健康活泼地重返校园，在校的孩子也会阳光积极地面对困难。

孩子的成长道路就是这样，有风有雨，我们不仅要为他们遮挡风雨，更应该教会他们怎样挡风遮雨。

谢谢大家！

如何培养孩子自信

青白江区华严小学　彭涛

各位家长：

　　感谢各位家长时刻关注自己孩子的成长，也感谢各位对班级工作的支持。一位哲人说得好："谁拥有自信，谁就成功了一半。"自信是孩子成长过程中的精神核心，是促使孩子充满信心去面对困难，努力完成自己愿望的动力。所以，这次家长会的主题就是如何培养孩子的自信心。

一、尊重和信任孩子

　　尊重孩子，使他切实地体会到自己是一个有独立人格的人。信任孩子，调动孩子做事的积极性，并给予积极关注和表扬，切忌包办代替，更不可打击、嘲笑。这样既培养了孩子对自己行为负责的品质，又培养了自信心。

二、建立合乎孩子能力的目标

　　父母的责任在于怀着一颗期待的心，帮助孩子建立自己每一阶段适合自己的目标。父母期望过高，目标定得太高，超过了孩子能达到的限度，就容易使孩子产生挫败感，丧失信心，也不能把目标定得太低，孩子完成得轻而易举，就会变得轻率和骄傲。

三、善于发现并时常肯定孩子的优点

　　每个孩子都有自己的独特之处，孩子在自己喜欢的领域中活动是十分投入，十分自信的，所以家长要了解孩子的特点，善于发现他们的优点并经常给予表扬和肯定，这是孩子充满自信、不断进步的力量源泉。千万不要把孩子的缺点挂在嘴上，让孩子产生自卑感。

四、让孩子迎接困难

对每一个困难的成功跨越，都是对自己的一次肯定，都会增加一份自信。应多鼓励孩子学习勇敢行事，不断战胜困难。当孩子战胜了困难，实现了自己的愿望时，自信心就会提高，我们应该格外留意孩子的第一次尝试，这将是他人生道路上的良好起步。

五、以身作则，树立典范

榜样的力量是无穷的。很难想象缺乏自信的家长如何能培养出自信心十足的子女。父母能够充满希望地看待未来，充满自信，孩子就会深受感染，所以父母在要求孩子的同时，一定要注意自己的修养，成为孩子的典范。一个人只要有成功的决心和信心，就能保持最佳状态，把全部的精力集中到追求目标上。只有坚信自己成功的人，才会取得成功。在孩子努力拼搏，尽力向成功的顶峰努力时，多给孩子些鼓励和支持吧，让孩子学会自信。自信是一个成功者最重要的心理素质之一，但它并非与生俱来，必须由家长对孩子从小加以正确引导，使孩子逐渐学会相信自己，建立起自信。

现今，越来越多家长对孩子的关心和照顾事无巨细，物质上应有尽有，精神上百依百顺，事事不必自己操劳和付出努力，孩子很容易养成一种凡事都依靠家长的心态，认为自己离开家长就一事无成，对任何事情也不想费力去做。这样的孩子就是典型的依赖性极强、缺乏自信的人。要使孩子学会自信，一般可从以下几方面入手：

第一，鼓励孩子进行尝试并做力所能及的事。孩子具有极强的好奇心和初生牛犊不怕虎的劲头，家长可以在确保孩子安全的情况下，引导他们去尝试或探索身边的各种事物，让他们在尝试或探索中了解事物的性质，增强自身的能力，从而增加自信。例如，孩子在三四岁时喜欢玩水，就让他们自己洗小手绢、给娃娃玩具洗澡、洗刷各种塑料玩具等等，做这些事既满足了孩子的兴趣，又给他们带来了欢乐，而且事情成功之后也会使孩子相信自己的动手能力，为建立自信打下基础。

第二，及时肯定和赞扬孩子的良好行为。人的自信需要外界的认同和赞赏。某一行为倘若得到外界的肯定，人的自信也会由此大增。孩子正处于自信形成的过程中，更离不开成人的肯定和赞扬。有一位母亲带着5岁的男孩乘公共汽车，上车坐了一段路程后，一位年迈的老婆婆上车了，母亲起身让座，并对男孩说："来，小大人，站一会，看看能不能坚持住。"小男孩高高兴兴地站在座椅旁，并认真地扶着座椅不让自己摔倒。这样，孩子由于做成了一件小事而受到赞赏，他就会更乐意去做更多的事，接受更多的挑战，以获得更多的肯定和成功的喜悦，其自信也随之日趋强化。

第三，有意识地让孩子承担一些责任。不少家长常因为孩子年幼、而代他们做许多事，帮穿衣鞋，替收拾玩具，给他们包办过多，孩子就缺乏责任感和自我约束力，自信也就很难建立起来。对此，家长不妨视孩子能力的大小有意识地让他们承担一些责任，如让孩子动手收拾玩具、书包及文具，让孩子铺床叠被，让他们洗洗碗筷，这样做不仅能锻炼孩子的能力，还可使他们从中得到自信，知道有许多事情"我能做好"、"我有能力"。

第四，培养孩子的专长。每个孩子天赋各异，能力方面也各有千秋。通常，孩子在智力和能力上难辨优劣，但孩子进入小学后，衡量标准就集中在学习分数上，这就使擅长学习的孩子常受表扬，而学习稍差的孩子常受批评，由于学习成绩不如意而产生自卑，丧失了自信，不利于形成健康的人格。如何避免孩子出现这种不利的情况呢？较为有效的办法就是发现和培养孩子的某一专长。孩子从小其能力倾向便会显露，有的孩子能跑能跳，好于运动；有的孩子爱唱爱跳，擅长文艺；有的孩子舞文弄墨，酷爱绘画。家长的责任就是及时发现孩子的专长，顺势加以引导及培养，促进他们在某方面具备其他孩子所不及的专长。这样，即便孩子将来在学习成绩上不佳，也不致因此而灰心丧气，反倒会在自己擅长的领域奋发努力，或许还能干出一定的成就来。培养孩子的专长，孩子就有了一种竞争优势，具有了上进的动力，孩子也会因此变得越来越自信。

　　各位家长，孩子就像是一张白纸，我们将一起努力，在这张白纸上画下最美的图画。如有什么好的建议或意见，我们一定要多沟通，让每一个孩子都能快乐地成长。

用爱的力量轻抚毕业班的浮躁

成都市实验小学　刘梦静

一、现象汇总，提出问题

各位家长下午好，很高兴又和大家见面了。我算了算，以后像这样的齐聚一堂的次数，大概不会超过三次了吧，因为再过三个月，孩子们就要离开小学升入中学。对我来说，这种感觉让人既期待又有些忧伤。相信作为家长，在这个特殊的时期，你们也一定会有着各种难以名状的感受吧。那么孩子们呢，他们的内心，是否会因为身处这个人生第一个十字路口而难以平静？今天我们的家长会，就来探讨这个话题。

最近和很多家长交流，我发现几个比较集中的问题，大家一致反映——孩子这学期以来，在家脾气变大了，作业不认真了，考试成绩变差了。的确，我也感觉这学期，班上的孩子明显比较浮躁了，短短一个月就发生了一起打架、三起恶作剧事件，连最喜欢咱班的音乐老师、英语老师，也都分别反映过班上的纪律问题。

由此可见，孩子们身上是出现了问题，而且这个问题不容忽视，不容搁置。应该尽快找到原因，找到解决的办法。

二、根据问题，分析原因；针对原因，寻求办法

根据我的观察和分析，我找到了几个原因，并做了一些思考。

（一）学生年龄特点的原因及对策

我们来看两张照片吧（大屏展示：本班一年级入学集体照和最近才拍的毕业照）。

我看见大家都会心地笑了。是啊，时间真快，一晃小学六年就快结束了。孩子变化真大啊，细数一下孩子的变化：个子长高了，学识丰富了，女孩子长得亭亭玉立了，男孩子长成小伙子了。外在的变化是看得见的，那内在的变化呢？班上孩子大多十二三岁，正处于青春期初期。除了身体，在心理上，也同样发生了巨变。

为了召开这个家长会，我在班上做了一个小调查，让每个孩子真实地完成一篇二选一的作文——《我的心，妈妈（爸爸）你不懂》或《我有一个懂我的妈妈（爸爸）》。这里我节选片段一二与大家分享。（学生作文略）

琐碎的唠叨，充满讽刺的激将法，满怀质疑的追问，都将成为这个阶段孩子与你对抗的理由。孩子长大了，需要父母的信任和尊重，理解和放手。

针对问题和原因，我认为父母是该到了科学了解孩子青春期的时候。我建议每个家庭都阅读一本关于青春期健康知识的书籍，推荐《写给 12 岁—18 岁男孩（女孩）的成长书籍》（作者胡玫），书里会从心理学角度告诉你为什么孩子三岁到十岁时，愿意有事没事喊着你，而青春期后却不愿开口多喊一声呢？更多地了解孩子成长中的特点，我们才能理解他们，帮助他们，建立良好的关系。

（二）毕业班学段的原因及对策

各位家长，试着回想一下当年那个即将踏出校门的您，处于毕业季时，那是什么样的心情？是不是有些激动，有些忙碌，有些豪情壮志，有些难分难舍？此时我们的孩子们，也正在享受属于他们的小学毕业季。他们在精心准备毕业典礼，他们在绞尽脑汁为同学写毕业赠言，他们在为即将逝去的六年时光而暗自伤感。

因为毕业，他们有太多的事情要做，太多的话语要说，太多的情感要表达，所以，小小的他们可能有点不知所措了。

针对问题和原因，我们可以尝试着也回到学生时代，和孩子们一起牵手走这个毕业季。具体怎么做？我建议和孩子分享自己的毕业册、毕业照，从毕业这个话题切入，讲述具有正能量的故事，并协助孩子制作毕业纪念册。有了分享，有了参与，就会有发言权。这时候，再给孩子提一些合理化安排时间的建议，是比较容易和孩子成功沟通的。

（三）学业负担的原因

小学毕业，其实就是从一个学校跨入另一个学校。所以，我们会看到很多孩子升入高年级后，每个周末都奔波于一个又一个文化课培训点，尤其六年级更甚。我曾经看到有一个孩子，每一个课间都在拼命做作业，从来不出去休息，提醒他出去玩玩，头都不抬地说晚上还有课。可能有些家长会觉得这个孩子好懂事，好爱学习，好听话。但是，我却觉得他好可怜，好悲哀。我感觉他好无奈，好沉重。我也和家长聊过看法，这位家长很无奈地告诉我："晓得孩子太辛苦了，没法子，人家都在学，不学肯定要吃亏的。"我理解，这是很多家长的苦衷、无奈和选择。

针对问题和原因，我们真的就要无奈地接受吗？我们必须要疲惫地跟着升学大军盲目前行吗？很庆幸，最近我读到了一篇网络文章，我觉得作者给我提供了一种思考问题的新角度，文章题目是《在这样的大环境下，我们能为孩子做什么》。由于时间关系，在这里就不分享了。我会把这篇文章，共享在班级的 QQ 群上，希望它能给我们带去放下沉重担子的理由，能够用另一个方向去思考孩子的成长方式。

三、结束语

办法总比困难多。我很庆幸我们班的家长总是愿意和我分享教育孩子的各种成功和困惑。今天我抛砖引玉，希望在接下来的具体操作中，能分享到更多因为您用心去思考去做，在孩子身上发生的改变。

家长会前孩子们完成了一篇作文，为公平起见（开玩笑语气）我也要给家长们布置一个会后作文——给孩子写一封信。要求是不要说教，要温馨的故事；不要埋怨，要语重心长的提醒；不要放弃，要充满鼓舞的祝福。这就是正能量！孩子现在需要您的正能量来改变不良的现状。信件都邮寄到学校吧，通讯地址、邮政编码，我会发送到 QQ 群。看看我们班谁最有幸收到第一封爸爸妈妈的信。

　　相信今天的家长会后，爸爸妈妈们会用不同的眼光、不同的方式去迎接正在成长中的孩子们。成长是美好的，换个角度、换种方法，就会有不一样的收获。让我们用爱的力量去轻抚孩子们青春期的浮躁。好，今天的家长会就到此结束。如果您还有什么想法，欢迎会后和我联系。谢谢大家！

| 第三章 |

心理个案分析

如何与问题学生沟通？

大邑县晋原镇北街小学　李芙蓉

学生情况介绍

小明，今年8岁，男，二年级学生，长得虎头虎脑，学习却一塌糊涂。爸爸在外做生意，经常不在家，妈妈爱打麻将，喜欢打扮自己，和儿子没有亲近感。孩子在学校里目中无人，喜欢以自我为中心，我行我素。上课时，他一点也不专心，坐不好、讲话、玩东西，甚至扭过头去叫同学讲话，有时敲桌子、摇椅子，有时自己折纸，画画或看没学的课文。家庭作业需要父母陪伴才能完成，遇到有困难的题就拒绝思考，不喜欢动脑；课堂作业也是高兴时才做，不高兴就不做。但他喜欢美术，有时一画就是一个多小时。

如果你是这个孩子的班主任，你该怎样引导孩子？

个案分析

从上述介绍可以看出，该同学有多动症的特征，如上课注意力不集中，不能按照老师的要求学习，行为自由，自控能力差，没有养成良好的行为习惯等。表面看起来与多动症相似，仔细分析又有区别：独自不能完成作业，家长看着就能完成作业，而且写得很端正；注意力无障碍，对其喜爱的东西，如折纸、画画，注意力集中，能坚持一个多小时。这个孩子最主要的问题是：母亲过度溺爱孩子，没有正确的教育方法，和孩子没有亲近感，在孩子小时候没有促使其养成良好的学习习惯，任其成长，还总是为孩子的错误寻找各种理由，造成孩子没有正确的道德价值观，这样造成了孩子与集体格格不入，与其他同学完全不同的行为方式。

针对该同学的行为特点，需要老师和家长对他进行共同矫治，方法如下：

1. 加强注意力的培养，培养孩子的学习耐性。从他最喜欢的活动开始，如画画、折纸、听故事，逐渐延长注意力集中的时间，并培养他的耐性。多给孩子提供适合表现自己的机会，比如：参加绘画比赛，汽车模型制作，让孩子在自己的特长中找到成就感，一旦孩子获奖，教师就在全班加以表扬，树立孩子的自信，拉近孩子与老师的距离，在班级中帮助孩子树立良好印象，逐步改变人际关系，让孩子懂得自我约束。

2. 作为班主任，不能放弃这个学生。在遇到问题时，要克制自己的情绪，忌讳口不择言地冲动批评，也不能给孩子贴上"坏孩子"的标签，要用发展的眼光看待孩子的成长。发现孩子的一点进步，就要及时鼓励，强化孩子身上的正向行为。对于孩子的错误，要慎重处理，不要让孩子养成坏习惯。

3. 和家长保持教育的一致性，寻求家长的支持与理解。请家长克服对孩子的溺爱，正确爱孩子，组织班级亲子活动，让家长在其他家长的影响下，改变教育方法。班主任应该保持一颗真诚的心与家长沟通，使家长放下戒备和成见，坦诚地面对孩子的问题，从根本上逐步改变孩子的不良行为。

随迁子女的"小难题"

成都市石笋街小学　吴薇

案例：小涛，女，小学四年级时转入本市就读，与在此打工的父母团聚，性格内向，学校成绩中等，尤其语文较弱。父母为外地进城务工一族，常感叹文化程度不高，很吃亏，因此对孩子期望较高，管教严格，但自身因工作原因和文化程度低而无力辅导。小涛因为口音太重常在课堂上回答问题时被笑话，以至于平时从来不举手发言，害怕回答老师的问题，也不敢和同学交流，与人说话时尤其不敢正视别人的眼睛，上课注意力也不集中。上五年级后迷恋上恐怖故事书，脾气变得比较暴躁，在家里时常和父母发生矛盾，最近学习成绩下降明显，父母感到无能为力。

如果你是该生班主任，请运用心理学、教育学知识对本案例信息进行分析，并提出你的辅导措施。

一、个案分析和评估

1. 个人原因

小涛性格内向，因自己的转学生身份和外地口音有自卑心理，缺乏和人沟通的技巧，自信心不足。由于四年级才转入本市就读，之前的学习基础、学习习惯和学习能力有可能跟不上现就读班级，加之父母寄予厚望，所以小涛面对学业压力的同时也承担了很大的心理压力，这种压力由于无法倾诉和排解，所以只能将注意力转移到恐怖小说上。而不适合这个年龄阶段阅读的恐怖的故事情节只会让小涛感觉到更加压抑和害怕，所以才会在家里和父母时常发生矛盾，这也是小涛情感长期得不到舒缓的一种发泄，或者说是她以此引起父母关注的一种方式。

2. 家庭原因

小涛父母为外地进城务工一族，平时工作繁忙，文化程度也不高，因此对小涛情感上的关注不够，在学习上也不能提供有效的帮助指导。但同时，又对小涛寄予厚望，无形中也给小涛施加了很多心理压力。

3. 班级原因

了解小涛在班上的同桌、朋友情况，从他们那里得知更多关于小涛的情况。

4. 教师原因

常言道，"亲其师，信其道。"教师与学生建立起亲密信任的关系后，学生自然会一步步"信其道"。因此，班主任在和小涛沟通之后，也要及时和科任老师沟通，希望老师在课堂上能够就小涛回答问题时引起同学哄笑的问题有正面的引导和掌控。更因为小涛语文较弱，要和语文老师加强沟通，全面了解小涛的学习情况，以找到成绩突破的对策。

二、可能造成的影响

1. 具体影响

小涛因外地口音和成绩不佳而产生了自卑心理，成绩持续下滑；和人交流时不能正视别人的眼睛，这都是自信心不足的表现。而这种不良情绪长期得不到宣泄只好借助于恐怖小说，一定会给小涛造成更大的心理压力，出现失眠和上课注意力不集中的情况。

2. 长期影响

小涛已经出现了人际交往障碍，如不予关注和矫正，将给她的心理健康和人格成长带来严重影响。

三、干预措施和方法

1. 个别帮助

（1）个别约谈：单独找小涛谈话，以朋友的身份和她平等对话，了解她的学习、心理、精神状态，给予她信心和鼓励，建立互相信任的师生关系。

（2）制订规划：和小涛一起根据现有学情，分学科制订短期、中期、长期计划，做到心中有数，有目标、有方法、有步骤，循序渐进地攻克学业上的障碍；尤其应和语文老师一起研究小涛的学业弱点，帮助小涛提高语文成绩，以让小涛树立起学业上的信心；同时每周、每月、每学期和小涛一起反思回顾计划完成情况，及时反馈和总结。

（3）推荐人际交往类的好书：推荐小涛看王娜娜的《给女孩的第一本人际交往书》，让小涛明白每个人都有独特之美和闪光之处；学会一些和人交往的技巧，帮助小涛克服心理障碍，树立自信心。而首要需完成的是，帮助小涛和人正常的交流，学会和别人交流时对视对方的眼睛。

（4）建议小涛多参加文体活动：多参与班级、学校、社区的各项文体活动，让小涛发现自身的长处，树立自信心；同时，也在活动中多和人交流，多结交朋友，将对恐怖小说的注意力转移到健康向上的文体活动中来。

（5）多给予小涛语言表达技巧上的指导：建议小涛多看看名人演讲的小视频，同时也多给小涛普通话方面的指导，帮助她尽快说好普通话，不因地方口音而感到交流障碍。

2. 团队协作

（1）在班上多组织形式多样的文体活动，帮助小涛在活动中挖掘自身亮点，展现个体价值。比如开展"我最闪亮"班会，给小涛展示自己特长的空间和舞台，树立自信心。

（2）安排几个学习成绩优异、性格开朗的同学做她同桌，在学习上引领小涛、性格上影响小涛，起到帮扶带的作用。

3. 家校合力

（1）改变沟通手段，构建和谐亲子关系：和小涛家长沟通小涛的现有情况，推荐家长看一些教育类书籍，教给他们与孩子沟通的方法和技巧；让家长多给孩子情感上的关注，多带孩子参加社区活动，尽可能多地亲近自然、结交朋友。

（2）改变家长陈旧的观念，不能"唯分数论"，让家长明白孩子的身心健康最重要，首先要先成人，再成才；同时也和家长沟通，不能因为自身的命运和文化情况，而给孩子施加太大的学习压力。

（3）家长如果没有能力给予孩子学业上的辅导和帮助的话，可以根据实际情况让孩子上有益的学业提高班，以提高成绩，树立信心。

4．长期跟踪、关注

如果小涛情况还没有好转，建议咨询学校的心理工作室，或者到专门的心理辅导机构进行专业有效的心理干预，比如"沙盘游戏"，帮助小涛认识自我、发现问题，并做到长期跟踪、关注。

被宠爱的孩子

金牛区人民北路小学（华侨城校区）　肖娟

小学组案例3：小宸，男，7岁，小学一年级学生。智力正常，家庭经济一般，父亲打散工，母亲卖水果。由于小宸家三代"单传"，父母又是中年得子，非常宠爱他，唯恐学校照顾不周，没有让小宸接受学前教育，而是一直跟爷爷奶奶在家生活，也很少与小朋友玩耍。即使偶尔与表兄妹来往，爷爷奶奶也十分呵护，甚至担心他受欺负。开学第一天回来他说学校不好玩，老师、同学都不喜欢他，不想上学，父母安慰一阵后他同意继续上学。第二天早上磨蹭半天才到校，上第一节课时，因为回答一个问题时声音太小，老师让其大声一点，小宸突然嚎啕大哭并冲出教室："我不要上学！我不要上学……"

如果你是该生班主任，请运用心理学、教育学知识对本案例信息进行分析，并提出你的辅导措施。

[分析原因]

小宸这个小男孩因为家庭成员过度呵护与宠爱，没有接受过学前教育，缺少与同龄小朋友的正常社交，所以导致他进入小学一年级之后严重不适应，不能与老师、同学好好相处，他自己认为"老师、同学都不喜欢他"。孩子出现"不想上学"的心理状况，是因为家长没有及时做好幼小衔接的辅导，小宸才会对学校比较反感，"第二天早上磨蹭半天才到校"。当老师要求小宸回答问题声音大一点时，他完全不能接受老师的批评或建议，进而发展成为讨厌老师、讨厌学校，还嚎啕大哭并冲出教室说："我不要上学！我不要上学……"

究其原因，从家庭、自身、学校三方面做如下分析：

家庭原因：

1. 溺爱。三代"单传"、中年得子，造成小宸的父母和爷爷奶奶对孩子的溺爱。

2. 没让孩子接受学前教育，也很少让孩子与小朋友玩耍。这样一来，孩子没有与同龄人相处的机会，也没有参与过集体生活，更不会明白集体生活的规则与义务。

3. 没有挫折教育。孩子开学第一天表达"不想上学"时父母的态度是"安慰"，并没有分析根本原因；就连偶尔与表兄妹来往时，爷爷奶奶都要干涉，不让他"受欺负"。

自身原因：

不能离开长辈独立生活和学习；没有学习上进的积极性；以自我为中心，不懂得与人相处的方法与原则；对待父母、爷爷奶奶的呵护没有感恩之心。

学校原因：

1. 开学前，一年级的班主任没有了解班里学生的家庭情况。

2. 对待比较特殊的家庭，班主任应该提前跟家长面谈，与任课老师沟通教育方法。

3. 当小宸第一天表现出"学校不好玩，老师、同学都不喜欢他，不想上学"的思想状态时，班主任应尽快与孩子进行交流，避免事态进一步发展。

[辅导与干预]

第一步：搭起"家校沟通"的桥梁。

1. 与小宸父母面谈。首先说说小宸给老师的第一印象是"童真"，能感受到爸爸妈妈很爱孩子；接着请爸爸妈妈聊聊孩子在家的情况，老师择机说说孩子在学校里的不适应；特别展开说说如何帮助孩子适应一年级的生活与学习。小学一年级对每个孩子来说都是一个新的起点，集体生活需要孩子慢慢适应，在其中学习与人相处的技巧。希望爸爸妈妈多多帮助孩子，在孩子社交遇到困难时，引导孩子看到同学身上的优点；学会与老师交流与沟通，老师才能在学校里及时帮助孩子成长。希望孩子健康成长是老师与家长的共同心愿！

2. 到小宸家家访，尽量与爷爷奶奶沟通。爷爷奶奶从小将小宸带大，非常辛苦，他们非常爱孩子，也能看出小宸是非常依赖他们的。现在，孩子上小学了，他们一定希望孙子能开开心心上学，所以需要他们多放手，锻炼孩子的独立能力；学习必备的生活技能，能自己照顾自己；与同龄孩子玩耍，孩子之间的事情学习自己应对。

第二步：建立"心心相通"的师生关系。

选择花园等优美的环境，轻松地开始与小宸的谈心。第一是描述他进入小学陌生的感觉，营造感同身受的氛围，希望与孩子"共情"获得信任；第二是表达老师对孩子的肯定与喜爱；第三是诚恳地提出老师的期望。1. 真诚地与同学们相处，能分享你的心情、喜欢的东西；2. 用心地上每一节课，聆听老师给我们讲新鲜事；3. 在学校，班主任就像妈妈一样，有困难不能自己解决的，一定马上寻求班主任的帮助。咱们班现在就是一个大家庭了，人人都爱这个班级，我们这个班级就会非常温暖，尽快加入到我们温暖的家庭……

第三步：形成"紧密配合"的教育氛围。

班主任积极主动地与各位任课老师联系，详细全面地介绍本班级学生的情况，特别对小宸这样家庭环境较特殊的孩子一定要提前说明，让任课老师心里有数，课上课下也能做一些引导和教育。如果遇到案例中的事儿，任课老师的语言委婉些、多点鼓励，也许小宸能欣然接受，才能一步一步帮助他适应一年级集体生活。

第四步：构建"人人关爱"的温馨班级。

在班集体中展开讨论：爸爸妈妈、爷爷奶奶是怎么爱我们的？我们该如何爱我们的家人呢？老师引导后，可以邀请家长来到教室和孩子们一起开展主题班会活动"我爱我的家"，培养孩子感恩之心。

班主任老师利用晨会、大课间等时间，抓住一些班里的小事儿剖析，让孩子明白如何与同学相处、怎样与老师沟通。开展一系列的主题班队会活动"我向老师请教……""我在班里的好朋友""我与同学在一起""我们的班级"等。

总之，在做学生心理个案分析时，我将遵从以下几个原则：

1. "以学生为本"，把学生的身心发展摆在第一位。

2. 把握尊重与平等的原则，与学生谈心少说多听，让学生合理宣泄。

3. 争取家校合力，达到共同教育的目的。

4. 孩子的心理教育做不到"一劳永逸"，要抓反复，反复抓，用爱心静待花开……

沉默是金吗？

成都市东光实验小学　马国敏

资料：小媛（化名），10岁，四年级，是一个沉默寡言的女孩子。父母是个体工商户，父亲有根深蒂固的重男轻女思想，母亲更多关注孩子的生活，双方忙于工作经常早出晚归，对其学习情况了解不够。小媛学业居中下水平，在家表现沉默，在校基本不与同学交流，不参与课堂活动，甚至被老师批评也保持沉默，经常不完成家庭作业。

一、学生信息分析

鉴于学生存在的以上情况，对学生的资料信息进行分析：

1. 该生不善交流，在家亲子时间少，没有交流愿望以及交流能力。

2. 该生性格孤僻，在集体活动中较为"孤独"。

3. 该生内心自卑，学业水平低，学业压力大，以致不愿参与他人活动，经常不完成作业。

二、问题评估

综合以上信息分析，可以看出该生不善交流、性格孤僻、内心自卑。

三、原因分析

1. 家庭背景

（1）家庭结构：小媛生活在一个核心家庭，家庭成员有父亲、母亲、小媛，家庭结构完整。

（2）父亲：个体工商户，在家时间少，与小媛相处时间少，重男轻女的封建思想严重，遇到孩子的问题，就以简单粗暴的打骂方式解决，造成孩子心理负担，内心压抑，不敢交流。

（3）母亲：工作也比较忙，在家时间稍微多点，了解孩子信息渠道比较单一，教育孩子的主要方式以说教为主，与孩子缺乏沟通，造成孩子不愿交流，交流能力降低。

2. 个人身心发展

（1）个体身心发展特点：年龄的增长，身心的发展，小媛的自我意识逐渐形成，有明确的是非观念，由于学业水平低，有一定的挫败感，消极地看待自身能力。

（2）同伴关系发展特点：不愿与同学交流，找不到可以亲近的朋友，与同学间的关系淡漠。

四、干预措施

综上原因分析，针对孩子的情况采取以下干预措施：

1. 家庭

孩子的成长离不开家长的陪伴，针对孩子的情况与两位家长谈心交流。

（1）转变家长的教育观念，明确家长的教育责任和义务。

（2）习得教育方法，让家长在已有教育资源中寻求方法。

（3）改善亲子关系：（给家长的建议）

＊每天至少用半小时和孩子交流，说孩子感兴趣的话题。

＊周末陪孩子玩耍，协助孩子做一件喜欢的事或参加一项活动。

＊和孩子一起学习，和孩子制定家庭学习公约，相互督促。

＊每周和孩子一起做一次家务，对家务工作平均分工。

＊和孩子共同制作一件手工制品。

2. 学校

孩子在校和同学、老师融洽相处相当重要，针对小媛在校的表现，开展以下活动：

（1）**教师活动**：正向引导，引导她重构认识，重新认识自己。

（2）**小组活动**：以激发小媛的自信心为核心目标，组建专门活动小组，开展系列实践活动，让小媛在活动中找到合作之乐，成功之快，从而悦纳自我。

（3）**班级活动**：在班级信息栏上让学生随时发布该生进步的信息，创设班级良好交流氛围。

3. 个体

辅导目标：

（1）鼓励小媛适度地宣泄自己的不良情绪。

（2）重构认识，以正确的方式处理问题。

辅导方案：

（1）取得家长的帮助，转变家长的教育观念。

（2）鼓励小媛正视问题，以积极的态度面对挫折。

辅导过程：

第一次辅导：课堂中鼓励小媛参与课堂。

第二次辅导：通过多次家访与家长交流，家庭中树立正确的家庭教育理念，缓解亲子关系。

第三次辅导：在班级学生的带动下，积极鼓励小媛参与班级活动并给予随时的鼓励。

后记：在对小媛实施了以上干预后，她有了明显的变化，得到父母的关注，津津有味地讲述爸爸妈妈关心自己作业完成情况，关心学校发生的事，自己主动参与到小组以及班级的实践活动中，在课堂上也变得开朗了，能举手积极发言，回答问题时能够和老师进行眼神交流，经常在老师用餐时递上纸巾……

让自信走进心灵

成都市龙泉驿区第一小学校　冯玉兰

【案例呈现】

小林，男，12岁，父亲常年在外打工，平时无暇顾及儿子的学习和生活，自小是在爷爷、奶奶的宠爱下长大的。今年，父母由于感情问题离异了，他被判给了父亲抚养。为了补偿他失去的父爱、母爱，每次家长都会给小林大量的零花钱，并且对他提出的物质要求有求必应。最近，孩子身上出现了一些问题，主要表现在课堂上和各种活动中，小到一次课堂发言，大到学校组织的活动，小林都显得没有热情，参与意识淡薄，平时沉默寡言，独来独往，偶尔流露出想和同学们交往的意思，但总是不知所措，不自觉地流露出自卑，不喜欢读书，不喜欢上课，时常趴在窗户前望着窗外。

一、小林的心理问题及成因分析

从案例的情况来看，我觉得小林主要的心理问题是抑郁和自卑。正因为他有抑郁和自卑的心理，从而导致了对学习和活动没有热情，沉默寡言，独来独往，人际交往方面显得不知所措。产生抑郁和自卑心理的原因，从案例中来看，应该主要来自于家庭方面的原因。

首先是家庭环境的影响。小林自小处在隔代教育的环境下，爷爷、奶奶特别宠爱他。父母感情不和最终离异，小林被判给父亲抚养，母爱有所缺失。父亲常年在外打工，因此在一定程度上，他也缺失了父爱。

第二，家长的管教方式是不恰当的。他们只是一味地满足孩子的物质要求，而忽略了孩子的心理健康。

第三，孩子遭受了父母离异这个巨大的家庭变故，没有及时得到心理疏导和抚慰，他内心不免苦闷，却又无处诉说，因而变得抑郁、自卑。

二、班主任心理辅导策略分析

小林出现抑郁、自卑心理，作为他的班主任，我想我可以为他做如下一些事情：

（一）疏导、宣泄情绪

第一步，多跟小林接触，跟他多进行一些随意性的谈话，拉近与小林的心理距离，让小林对我产生一种亲近感和信任感。

第二步，采用一定的方式，让小林将心中的苦闷、抑郁宣泄出来。比如对小林进行放松疗法，将我和小林置身于一种宽松的环境氛围之中，让小林把他心里的话尽情地说出来。在此过程中，我会坚持非指导性原则，主要任务是引导小林把心中的苦闷全都宣泄出来。又比如，可以让小林用写日记的方式来宣泄情绪。

（二）帮助小林找回自信

1. 在班级中开展"我就是我，不一样的烟火"为主题的班会活动。在活动中，设置一个环节，让全班同学一起总结小林的优点，使小林发现自己身上的诸多优点，从而自信起来。

2. 在平时的学习与生活中，多注意观察小林的表现，及时对他的每一个亮点、每一次进步给予表扬，让他逐渐自信起来。

3. 给小林创造机会，让他能单独地在同学面前展示。在展示之前，我会尽力地帮助他，让他做好充分的准备，以使他在展示的时候能获得巨大的成功，体验到成就感，从而树立起自信心。

4. 采取一定的行为疗法帮助小林找回自信。如，训练他抬起头来走路，训练他大声地发言，训练他直视别人的眼睛，通过这些行为疗法，让小林逐渐走出自卑，越来越自信。

（三）开展小团队辅导

把班上与小林有着类似问题的同学组合到一起，形成一个小团队，并指导小团队的成员间相互交流，相互鼓励，共同提高。

（四）对家长进行引导，形成家校合力

小林的问题主要是家庭方面的原因造成的，所以对家长进行引导很关键。如果通过班主任的努力，能够使家长形成正确的教育意识，改善家庭管教的方式，小林的问题也就迎刃而解了。我主要从以下几个方面来引导家长：

1. 应更关注孩子的心理健康。我希望通过与家长交流，使家长认识到用满足物质要求来弥补父爱、母爱的做法是错误的，其实更应该多多地关注孩子的内心，关注孩子的心理健康。

2. 应与孩子加强交流。我希望通过与家长的沟通、交流，使家长认识到，虽然父亲常年在外打工，不在孩子身边，但是可以采用电话、书信的方式，加强与孩子的交流。孩子与家长之间需要相互了解得更多一些，家长尤其应该了解孩子真正需要的是什么。

3. 离异的家长应更爱孩子。我希望通过与家长交流，使家长明白，父母感情不和导致离异是父母的事儿，不是孩子的罪，更不能让孩子的感情受伤害。离异的父母应该让孩子感受到，父母虽然离异了，但父母双方对孩子的爱一点都没有变少，甚至更多了。在此案例中，小林被判给了父亲抚养，则要多多鼓励孩子与母亲多接触。同时，母亲应该给予小林更多的爱，让小林不缺失父母任何一方的爱。

4. 改变溺爱的教养方式。我希望通过我的努力，使家长明白溺爱是一种错误的教养方式，应该改变溺爱的做法。在此案例中，溺爱小林的主要是小林的爷爷、奶奶，要转变老年人的思想意识不太容易。我们可以从小林的父母入手，先做通小林父母的工作，再让小林的父母与小林的爷爷、奶奶进行沟通，逐渐改变他们溺爱的教养方式。

我衷心地希望，通过以上这些方法、措施，能帮助小林改善抑郁与自卑的状况，希望小林能越来越阳光，越来越自信！

给孩子恰当的教育

都江堰市北街小学　袁妍

新学期班委改选，五年级的小马同学告诉老师他想当体育委员，可在老师的印象中，他打人却是最厉害的，全班同学几乎都害怕他，况且他学习成绩又不好，自制能力差，身上的缺点哪一条都不符合当班干部。但老师不忍打击他的积极性，让他周一班会课改选班委会时自己努力，竞争上岗。周一班会课上，小马兴高采烈地上台发表演讲，并真诚地表达愿意为同学们做事服务，希望同学们投他的票。但结果正如老师所预料的，全班同学没有一个人投他票，他低垂着头回到自己座位上，沮丧极了。

如果你是该生班主任，请运用心理学、教育学知识对本案例现象进行分析，并提出你的辅导措施。

案例分析：

1. 个人因素

小马想当体育委员，说明在内心他很想得到同学的认可。但是因为小马喜欢打人，导致造成与同学间关系不好的局面，全班同学都怕他。除此之外，喜欢打架的孩子还未形成善良的品格，可能与老师或同学的沟通也做得不够好。这样的小马急切地希望得到同学的肯定。

2. 学段因素

小学五年级的小马，由于生理上的变化和抽象思维能力的进一步发展，自我意识随之迅速发展起来。情绪的强度和持久性迅速增长并出现高峰，因此各种日常行为很容易受情绪的影响或支配。

3. 家庭因素

五年级的小孩，如此喜欢打人或多或少都与家庭因素有关。作为班主任应该在做好孩子辅导的同时与小马的父母做好沟通工作，因为家教（父母的教育）比在学校教育更重要，父母的性格与家庭氛围一定会深深影响小马，所以要想彻底教好小马，必须家庭与学校共同努力，而且家庭的教育还是占主导地位。

4. 教师因素

在学校里，如果教师对一些学生尤其是内向学生不够了解，关注不多，就容易造成对这些学生的评价偏低。一旦如此，几个月或者几个学期以后，这些学生便逐渐产生失落感。小马已经是五年级的孩子了，也许这种失落感已经产生有一定时间了。他在五年级的时候提出当体育委员，相信他其实是鼓起了很大的勇气想让同学们重新认识自己，获取认可。

辅导策略：

1. 激励教育，唤起信心，重塑形象。

教育学理论告诉我们，每个学生都是有进步要求的，都希望别人认为自己是一个好学生。老师首先应拉近与小马的距离，在课余时间经常有意无意地找他闲谈，只要不是原则性错误，无论什么情况，老师都不应该点名批评他，多对他的进步及时表扬，在上课时经常用眼神来鼓励她，相信不用多久，小马会在同学间重塑自己的形象。

2. 自我审视，找出自己不足。

每个孩子都有优点和不足，可是孩子自身往往没有意识到自己的缺点，或者意识到了却不愿承认。帮助小马重塑形象的过程中，既要抓住闪光点去表扬，同时也要借助契机，帮助小马认识自身的不足，告诉他要学会控制自己的情绪，学会换种方式表达自己的诉求，学会与同学做朋友。

3. 家庭方面——与家长一起制定了家庭教育的一些措施。

（1）利用爱心滋润孩子的心田。家长不管有多忙，每天都应尽量抽出一定的时间与孩子联系，时时关心孩子的言行，了解孩子的内心需求和行为动机，掌握孩子的心理特点，尊重他的个性，允许孩子暂时犯一些错误。

（2）合理安排孩子的生活，注意生活规律。即使在双休日或者节假日，也要让孩子按时休息，养成良好的生活习惯，在家鼓励孩子自己的事情自己做，培养他的自立能力。

4. 与学科老师共同合作，持之以恒，反复强化。

孩子的这些问题行为不是一天两天形成的，自然也不会在短时间内消失。因此，班主任要做好打持久战的心理准备，耐心对待，积极引导。同时更要和各学科老师共同合作，分析原因，取得各科老师的配合，对孩子的点滴进步注意巩固，不断强化。

别对我说谎

彭州市实验小学　苏稚雅

案例介绍

小勇，男，8岁，小学二年级学生，老爱说谎，考试没考好，回家怕挨打，只好编些谎话搪塞。作业没做完却说做完了，或者说做了没带忘家里了。看到其他小伙伴有新潮玩具，为争面子，总喜欢说："我家有好多，比你的更高级。"其实家里并没有。

请问你怎么看待小学生的说谎行为？如果你是该生班主任，请运用心理学、教育学知识对本案例现象进行分析，并提出你的辅导措施。

一、分析案例，探究原因

从案例提供的信息中我们可以看到小勇主要存在以下问题：

1. 行为上的问题：老爱说谎。

2. 学习上的问题：学习行为习惯不好，主要表现在"作业没做完却说做完了，或者说做了没带忘家里了"。

3. 认知上的问题：存在一些不合理的认知。主要表现在"看到其他小伙伴有新潮玩具，为争面子，总喜欢说：'我家有好多，比你的更高级。'"

小勇为什么会出现以上的问题呢？从案例中透露出的信息来看，我认为，小勇现在的说谎行为与他的家庭教育环境及家庭教养方式存在的问题有较大的关系。

首先，小勇老爱说谎，从这句话中，我们可以看出，小勇的说谎已经形成了一种习惯性的行为，是一种长期以来所形成的行为应对模式。而说谎的原因却是回家怕挨打。从中我们可以看出，小勇之所以会说谎，与小勇怕回家挨打有很大的关系。我们不知道小勇的家庭情况，是父母经常打他还是其他监护人打他。但小勇以说谎这种方式来应对他因为考试不好或学习成绩不好所带来的压力，而且这种方式形成了一种习惯性的应对方式。从中可以看出小勇的家庭教养方式主要是以惩罚为主的教养方式，小勇在回家面对家长时是有很强烈的恐惧情绪，所以他主要以说谎这种行为来应对自己的恐惧，当说谎能够缓解或暂时消除这种恐惧情绪时，小勇的说谎行为便得到了强化，从而巩固了这种说谎行为。通过不断地强化，小勇便逐渐养成了说谎的习惯，这是小勇应对家庭所带来的压力的一种习惯性的行为应对方式。

其次，小勇的学习习惯也存在问题，从案例中的信息看主要表现在以谎言来应对因没完成作业所害怕接受可能的惩罚。从作业不能完成方面看，小勇的学习自觉性不太好，而小勇才刚小学二年级，二年级的小学生在完成家庭作业时缺乏自觉性是很正常的现象，所以往往需要家长的陪同和督促。但小勇不能完成作业，可能的原因一是家长没有进行督促和检查，甚至根本就没有关心过小勇的家庭作业的完成情况；二是小勇确实不能独自完成作业，但又没有寻求家长的帮助。从中可以看出，小勇的家长对他学习可能存在一些忽视或不认真检查督促的现象。而小勇会告诉老师作业忘记带了，其实还是因为害怕老师的批评和惩罚所表现出来的一种习惯性的应对方式，这与前文分析的相一致。

第三，小勇在认知上也存在一些不合理的现象。"看到其他小伙伴有新潮玩具，为争面子，总喜欢说：'我家有好多，比你的更高级。'"小勇比较好面子，这在一个8岁的小孩子身上是比较正常的，小朋友相互之间进行攀比也是常见的现象，这也是小勇社会交往能力逐渐发展的一种表现。但小勇会以一种虚假的认知来应对与小朋友交往时的不平衡心理。而这种认知的实质是我不能比别人差，别人有的我一定也要有，不能平静地接受自己与别人的差距。这其实是一种不合理的认知。究其原因这可能与小勇的父母在家中会有意无意将自己与他人进行比较，这种比较可能连他们自己也没有觉察到，但这种比较往往会让孩子觉察，并在日常的社会交往活动中无意识地表现出来。

家庭教育对孩子的影响是巨大的，父母的教育是影响孩子成长的首要因素，家庭教育的好坏将直接影响到孩子的行为模式和情绪表现，影响到孩子的健康成长。

二、辅导措施

1. 在日常的学习生活中经常关心小勇，与小勇建立良好的关系，让小勇能够信任自己。

2. 了解小勇的家庭生活经历，了解小勇的父母对小勇的教育方式，让小勇能够勇敢地表达自己的担心和害怕（共情）。

3. 邀请小勇的父母到学校进行交流，了解他们对小勇的教育方式，分析并指出其不合理的教养方式，让父母学习掌握正确的教育方法。

4. 帮助小勇改正不良的学习习惯，养成良好的学习习惯，多鼓励小勇，让小勇形成学习的兴趣，建立学习的信心。

5. 与小勇的父母建立长期的联系，家校共同帮助小勇顺利成长。

塑造积极心态，传递心理正能量

龙泉第十六小学校　杨再宇

一、案例背景

陈冰阳是一位六年级的学生，性格较为内向，上课不爱举手发言，学习成绩中等偏下。家长忙于工作，平时与他交流较少。他马上就要小升初了，为了让他考上一所优秀中学，他的家长给他报了不少培训班，但他对此不感兴趣。面对激烈的竞争，他觉得自己这儿也不行，那儿也不行，一到考试就特别紧张，一提考试就没精神。由于成绩不太好，老师和同学们都不太喜欢他。他现在觉得压力很大，每天都低着头高兴不起来。请你分析案例，提出辅导策略。

二、个案分析

1. 个人因素

从案例中，我们发现，考试对他来说成了较重的负担。一个人由于挫折多了，失败多了，便产生了严重的自卑感，过重的心理负担使他不能正确评价自己的能力，一直怀疑自己的优点。即使在成功面前也难以体验成功的喜悦，从而陷入失败的恶性循环之中。这样就严重影响他的身心健康发展。

2. 家庭因素

家长平时工作较忙，与他交流比较少，不能理解他心里的想法，导致家庭教育缺失。家长对他的期望过高，为了提高他的成绩，一味地选择报班培训，不仅没能有效提高他的成绩，反而占用了他大量的休息时间。

3. 学校因素

在学校里，如果教师对一些同学了解不够，关注不多，就容易造成对这些同学的评价偏低，一旦如此，几个月或者几个学期以后，这些同学便逐渐产生失落感，随着老师对少数心目中的优等生日益产生的偏爱，对学困生来说，是一个沉重的压力，进而滋长严重的自卑心理，丧失自信心。

三、辅导策略

（一）热情谈心找准症结

采用这种方法了解他的思想变化情况，达到调整心理、平和心态的功效，使他能正确地认识和看待自己及周围的人和事。首先，我会找几个班干部谈话，鼓励大家要积极、热情、诚恳地接近他、帮助他，在集体的帮助下，他才能走出阴影。其次，找他本人谈话，通过面对面地交谈，了解他的内心想法和心理承受能力。在谈心过程中，要多肯定他的优点，鼓励他在最后的时间里冲刺一下。最后是找家长谈话。了解其在家表现及家长对他的要求和期望，要求家长停止一部分的培训班学习，多给予他一些个人时间，并希望家长每隔一段时间就和老师沟通，在老师、家长和同学之间形成友好的互动关系。

（二）培养学生学习兴趣

1. 挖掘特长

帮助他找出自己的特长，并花时间去做自己喜欢的事情，在不断"刺激"中改变他讨厌学习的心理。

2. 诚恳激励

学生的成长进步，我认为不在于批评多少，而关键在于激励多少。很多厌学的学生往往是由于学习跟不上，经常受到老师的批评、家长的责怪以及同学的轻视，而自认为没什么希望了，便丧失了学习兴趣。根据陈冰阳的情况，班主任可以和科任老师互相配合，耐心地帮助他辅导功课，使他在感受温暖的同时，端正学习态度，从而逐步提高学习成绩。学习成绩提高了，学生才会自信起来，学习兴趣才会慢慢浓起来。

3. 树立榜样

教师抽时间给他讲述名人学习的故事，让他借阅书籍，使学生意识到学习是重要的，学习能使人变得更聪明，催人奋进。教师在班级中也应树立起学生榜样，用榜样的力量去感染他。

四、个案反思

在教育的过程中，要培养学生积极的心态，始终让学生有积极的意念，鼓励自己。缺乏自信，会产生自卑，当学生信心不足的时候，应该鼓励他相信自己。同时，我们要给予他更多的关爱，让他感到集体的关怀。此外，教师还要经常使用激励的语言赞美学生。在我看来，赞美具有一种不可思议的推动力量，对别人的赞美就像荒漠中的甘泉一样让人心灵滋润，学生因此才能转变自己的原有看法。

| 第四章 |

主题班会课

爱是什么？

成都实验小学明道分校　陈赵静

一、认识爱

师：孩子们，你们喜欢听故事吗？喜欢听什么故事呢？今天，我要给你讲一个故事，故事的名字叫作《爱是什么？》。在这个故事里有一个可爱的女孩叫作艾玛，她想知道：

A

爱是什么？

可艾玛的好朋友安妮却说："爱？那是大人们的事情。"

艾玛听了心想："那我就去问问妈妈吧，她一定知道。"

妈妈，正在花园里种花。艾玛问："妈妈，爱是什么？"

妈妈回答说："爱，是一种会慢慢生长的东西，就像这些花儿在春天的时候，慢慢地开放。"

师：妈妈想告诉艾玛爱是什么呢？（请学生归纳，并出示词条——爱会生长）

艾玛又跑到电视机前问爸爸，爸爸正一边看足球一边吃三明治。

"爸爸，你知道爱是什么吗？"

"爱，是个大惊喜，就好像足球比赛结束前一分钟，你喜欢的那个球队，'嘭'地又突然进了一个球。"

师：你来说说，爸爸告诉艾玛爱是什么呢？（出示——爱是惊喜）

艾玛又问正在准备做蛋糕的奶奶。

"奶奶，爱是什么？"

"啊，爱！"奶奶喘了口气说，"爱，软软的、香香的，就好像刚出炉的蛋糕。"

师：奶奶想告诉艾玛，爱是什么呢？（出示——爱像蛋糕）

艾玛又来问爷爷，"爷爷，你说，爱是什么？"

爷爷一边摆弄他收藏的汽车模型，一边回答她："爱？它会让你浑身发热，就好像汽车的发动机，开起来的时候热乎乎的。"爷爷的话总是和汽车有关系，因为他退休前一直在汽车厂工作。

师：你来说说，爷爷告诉艾玛爱是什么呢？（出示——爱会发热）

师：艾玛从家人那里知道了爱是什么，她从妈妈那里知道爱会生长，从爸爸那里知道爱是惊喜，从奶奶那里知道爱像蛋糕，从爷爷那里知道爱会发热。

师：艾玛不仅想知道爱是什么？她还希望早点看到爱。爱能看到吗？（学生回答）

B

"可它是什么颜色的？什么形状的？甜的还是咸的？到底有多大？"艾玛还是有很多问题。

师：艾玛觉得爱很复杂，需要记住这么多。妈妈却告诉她别担心，爱在该来的时候就会来。

艾玛希望能早点看到爱，于是她跑去花园里，摘了几朵漂亮的花儿送给妈妈。妈妈会怎么说呀？这是爱吗？这就是爱。（出示——送花）

她把自己的蛋糕切了一半，拿去给奶奶吃。奶奶会怎么说呀？这是爱吗？这就是爱。（出示——送蛋糕）

她坐在爸爸身边陪他看足球赛。看到他们喜欢的球队"嘭"地进了一个球。真过瘾！他们一起欢呼起来。这是爱吗？这就是爱。（出示——陪看球）

她还给爷爷画了一幅画，画里面的小汽车在向日葵地里穿行。爷爷拿到画

会说什么呀？这是爱吗？这就是爱。（出示——送画）

C

可是，我们的艾玛是个小糊涂。她不知道这些其实都是爱，她就躺在床上等爱。她等啊等啊，等得她睡着了。第二天早上，她跑去厨房，看看爱是不是来了。没有，还没有来。她打开窗，爱会不会在路上？没有，还是没有。她没有看到会慢慢生长又会发出"嘭"的一声的东西，也没闻到香甜的味道……

就在这时候，艾玛突然觉得身上很热，她的脸颊一下子就红了……

到底是怎么回事呢？（生说）

果然艾玛发烧了，妈妈说："你得乖乖上床休息。"过了一会儿，妈妈带上来一盆花，"快看看，这些花儿刚刚开放，颜色多鲜艳啊!"

这是谁的爱来啦？（打箭头）

爸爸也来看艾玛了。"我给你带来了电视机，这样你躺着也能看足球赛了。"

这是谁的爱来啦？（打箭头）

爷爷带着他最喜欢的汽车模型来看艾玛，他说可以借给艾玛玩一会儿。

这是谁的爱来啦？（打箭头）

最后，奶奶也来了，她带着一块看上去非常可口的蛋糕。

这是奶奶的爱来啦!

师：原来艾玛一直生活在爱的家庭里，爱的怀抱中。

艾玛在生病的时候，家人把他们最心爱的东西都送给艾玛，这样的一份心意让艾玛感受到了浓浓的爱。爱就是像妈妈说的那样，爱会生长，生长在妈妈的心里，生长在艾玛的心里，也生长在小朋友的心里。爱是蛋糕，软软的，融化了艾玛的心，也融化了你我的心。

二、懂得爱

师：我们不仅在故事书里可以看到爱，在我们喜欢的节目里也能感受到这份温暖。今天我请来了几位孩子们熟悉的朋友，看看他们是谁呀？（PPT出示

《爸爸去哪儿》第二季人物形象）这些我们熟悉的朋友也想走进我们的课堂和我们一起谈谈爱是什么。我们一起来看看吧。

（播放视频）

爸爸妈妈是我们每个人成长过程中的第一任老师，他们耐心、细致地教会我们吃饭、说话、走路，让我们健康地成长。你们一定与爸爸妈妈之间发生过许多难忘的事情，爸爸妈妈是怎么用心爱你的呢？

（请学生说一说）

爱是爸爸扛起你的肩膀；爱是妈妈为你遮风挡雨；爱是不舍的目光；爱是放手；爱是家人温暖的怀抱；爱是朋友为你挥动的小手；爱是太阳，在你怕黑的时候会发光；爱是彩虹，点亮了勇气……

三、珍惜爱

师：幸福的家庭都是相似的，就像我们的艾玛一样，她有一个朋友叫作马蒂斯，他听说艾玛病了，也来看看她。艾玛把她香香甜甜的蛋糕和马蒂斯分享。可马蒂斯和以前的艾玛一样，完全不知道什么是爱，除非有人告诉他。会是谁呢？艾玛会怎样告诉他呢？你想告诉他爱是什么呢？

繁体的爱字是这样写的：愛。这是爱，这也是爱，它们有什么不一样？（请学生观察回答）爱中间多了一颗"心"。爱是有心的，放在心上的，才是爱。亲爱的孩子，父母教会我们爱是一缕阳光，温暖你整个童年，教会你用这份心意去温暖你身边的人，你敬爱的老师，你亲爱的朋友；去温暖你每一天的生活……生活中，爱是一件小事。（PPT 展示）

爱离我们不远，就在我们身边。爱是什么？爱是陪你长大；爱是把你举过头顶；爱是陪你骑自行车；爱是一个拥抱；爱是给你说句悄悄话；爱是一次牵手；爱是一个亲吻；爱是一个微笑；爱是一种分享；爱是心里有你。

鸡蛋的味道——父母教会我做事做人

成都市实验小学　刘梦静

班会理念：

父母，是孩子的第一任老师。孩子从出生到长大，父母都在通过自己的言传身教，通过各种方式教导孩子。虽然他们的教导方式各不相同，教导内容也各有差异，但最终的目的都是为了教育孩子怎样做事，如何做人。在课堂上，我们为孩子建立一个动手体验的平台，让一个体验活动，开启孩子感知父母教会我们做事的认识之旅。以真实动人的故事，引导孩子理解父母教导我们做事的同时，更教会我们做人。

教学目标：

1. 通过体验活动，让学生在父母的指导下学会敲鸡蛋、搅鸡蛋。
2. 通过本次班会课，让全体同学在活动中感知父母教会我们做事。
3. 让全体同学懂得父母教会我们做事的同时，更教会我们做人。

教学重难点：

让孩子们理解到父母在教会我们做事的同时，是在教会我们做人。

班会准备：

准备一个鸡蛋造型的手偶；准备多媒体课件；将学生按 6 人小组分组围坐；邀请几位家长在班会召开时，进入小组指导敲鸡蛋、搅鸡蛋；准备鸡蛋、碗、筷子若干，电磁炉锅一套。

班会过程:

一、引入课题

1. 欢迎家长,手偶出场。

看到这个课题,你好奇吗?带着你的好奇心一起走进今天有意思的班会。今天刘老师不但自己来了,还请来了五位妈妈参加我们的班会,让我们用掌声欢迎她们。除此以外,还有一个特别的朋友,她的名字叫鸡蛋妹妹,让我们倒数三秒,她就会立刻出现。321……

(手偶)小朋友好,我是大名鼎鼎的鸡蛋妹妹,我营养丰富,可以被用来做很多美食。经常吃到妈妈做的鸡蛋美食的孩子,请举手。哦,你们的妈妈真注重营养,回家夸夸她们吧。

2. 播放鸡蛋美食图片。

(手偶)来看看我们鸡蛋家族的菜谱吧。(播放 PPT)

这么多美食,那个穿红衣服的小朋友流口水啦?哈哈,开个玩笑啦。不过,我今天既然来了,就一定要让大家尝一尝鸡蛋的美味。

3. 板书课题。

听见了吗?孩子们,今天鸡蛋妹妹要想请我们品尝鸡蛋的味道。老师把它记下来,看看鸡蛋妹妹是否说话算话。(板书:鸡蛋的味道)

二、体验活动1——敲蛋

1. 布置体验任务。

(手偶)想吃到鸡蛋美食,需要完成我交给的任务哦。制作鸡蛋美食都是从敲开鸡蛋开始。不要小看它,任务来啦。

2. 出示任务单(PPT)。

任务单:在妈妈的指导下,每个小朋友完成敲鸡蛋的任务。

温馨提示:1)妈妈先示范,学生仔细看。

2)组长发用品,学生耐心等待。

3）妈妈指导，学生依次认真敲。

4）如需交流，轻声语。完成任务，安静等候。

5）音乐是信号，音乐响，开始，音乐停，结束。

3．学生敲蛋体验，教师观察采访。

4．分享体验收获。

提问：刚才敲蛋时，遇到了点小麻烦的来说一说。遇到了什么小麻烦？

觉得自己敲蛋比较成功的来说一说自己是怎么做到的？

小结：鸡蛋妹妹给我们布置的敲蛋任务，就像生活中的许多事，看起来简单，其实，要学的地方还有很多很多。即使爸爸妈妈教过我们，要想熟练掌握，需要多练才能熟能生巧。

三、体验活动 2——搅蛋

1．布置体验任务。

（手偶）我要祝贺大家顺利敲好了鸡蛋，向美味靠近了一大步。不过，要想做出更多美味的鸡蛋美食，还需要学习搅蛋功夫哦。请大家完成第二个任务：搅匀蛋。

2．出示任务单（展示PPT）。

在妈妈的指导下，每个小朋友把敲好的蛋搅匀。

温馨提示：1）妈妈先示范，学生仔细看。

2）组长发筷子，学生耐心等待。

3）如需交流，轻声语。完成任务，安静等候。

4）音乐是信号，音乐响，开始，音乐停，结束。

3．学生搅蛋体验，教师观察采访。

4．分享体验收获。

提问：觉得自己完成得怎么样？你觉得好玩吗？

小结：就像刚才搅蛋一样，在生活中，爸爸妈妈教我们做事，我们不但能变能干，还能收获很多快乐！

四、看图片，明白"父母教会我做事"

1. 出示父母教孩子洗手等图片。

小结：从小到大，在快快乐乐中父母教会我们做很多事情，从简单的洗手、穿衣服，到用筷子、系鞋带、叠衣服，还教会我们做简单的饭菜。这些小事，看起来不起眼，但是点点滴滴汇聚在一起，让我们变得能干、变得强大。

2. 板书：父母教会我做事。

所以，当我们变得能干时，别忘了，是父母教会了我们做事，请向他们说一声谢谢。

五、听故事，明白"父母教会我们做人"

1. 老师讲《阿花的味噌汤》故事。

故事主人公叫阿花。阿花有一个很特别的妈妈。

2岁时，阿花刚好有家里的饭桌这么高的时候，妈妈开始教阿花洗自己的袜子，阿花小手搓得通红，她把还没清洗干净的袜子晒在太阳底下。

3岁生日那天，妈妈送给她一台手动榨汁机。这一年，阿花学会了洗蔬菜、水果，学会了榨不同口味的蔬果汁。

4岁生日最令人难忘，生日第二天清晨5点，天还没亮，妈妈狠心地把阿花从温暖的被窝里拽了出来，那是在冬天，阿花冷得直打哆嗦。可是，望着妈妈严厉的眼神，阿花只好穿上衣服起来了。

（提问：阿花从温暖的被窝里出来，她是什么感觉，她会怎么想？我们去看看阿花的妈妈到底要做什么？）

妈妈做出了一个连爸爸都大吃一惊地决定——她要让女儿学习切菜。沉沉的菜刀，对于只有4岁的阿花来说用起来太吃力了，就连最早做出这个决定的妈妈，也在一旁看得十分紧张，拽紧了拳头。阿花一丝不苟地切着，土豆被她切得像小石头似的，阿花竟然没有受伤！接着，她又自告奋勇切了白菜和蘑菇。

5 岁生日前，在妈妈的陪伴和示范下，阿花又学会了煮松软的米饭，煮出美味的味噌汤。

5 岁生日后不久，在一个阴雨绵绵的下午，阿花的妈妈在家人的陪伴下离开了人世。原来妈妈早就知道自己患上了癌症。难过的阿花送走了妈妈，心中牢牢记住了和妈妈的约定——"健康第一，学习第二。会做饭的孩子走到哪里都能活下去。"这样，就算妈妈离开，阿花也能照顾自己。2014 年，阿花已经 11 岁了，她一直信守着妈妈的承诺，不但好好照顾自己，还替爸爸分担着家务。

（提问：故事讲到这里，孩子们，你们认为，阿花妈妈是个什么样的妈妈？妈妈们，你们听完故事有什么想说的吗？）

小结：阿花幼年失去了妈妈，是不幸的，但是她又是幸运的，因为，她的妈妈不仅教会了她照顾自己，还教给她更重要的东西。它是什么？让我们一起到阿花的日记中去寻找答案！

2. 寻找日记中的秘密。

阿花的日记节选：

"最近我的拿手菜是咖喱饭和土豆烧肉。托妈妈的福，在学校里，我最拿手的就是音乐哦！我也想跟妈妈一样，长大后成为一个会唱歌的人。为我加油吧！""打扫浴室和洗衣服的活儿，我有点偷懒了，上了四年级我会努力的。因为我和妈妈说好了，你就在天国看我的行动吧。"

提问：从日记里，你发现阿花的妈妈还教会了她什么？

小结：阿花的妈妈，教会她自己照顾自己的同时，还教会了她做一个乐观的人，一个正直的人，一个勤劳的人。生活中，我们的爸爸妈妈也一样，他们教我们做事的同时，也在教我们做人，你的爸爸妈妈教你做一个怎样的人？（学生发言）是啊，爸爸妈妈教会我们做事的同时，还教会了我们做人，一定要感恩父母。

六、活动尾声，品尝鸡蛋味道

1. 总结课题，品尝美味。

（玩偶）我来啦！哎，我原以为今天就是和同学们一起敲鸡蛋，尝尝鸡蛋。

没想到，和你们一路走来，我还明白了好多道理。谢谢你们！我妈妈也教会我要做一个守信的人，所以，我一定要兑现给你们的诺言——请大家品尝鸡蛋美食！

（视频播放）学生看视频，妈妈现场做蛋花汤。

2. 活动延伸。

下课之后，请孩子们把今天搅好的鸡蛋，装在保鲜盒里带回家，请爸爸妈妈教你们做一份鸡蛋美食。

礼与有序——让生活更美好

双流县实验小学　李琴

活动背景：

现在的社会已经进入飞速发展的阶段，人们的物质生活水平在不断提升，但个人素养、社会文化却不能跟上节奏，常常出现身穿一身华丽的衣服却出口成"脏"，开着豪车却无视交通规则的丑陋现象。而遇事喜欢一窝蜂，不喜欢排队仿佛成了不少中国人的标志，让中国这个有着五千年历史的文明古国在世界这个大家庭里颜面扫尽。但是，礼是中国的传统文化，家长应教育孩子要学会礼。文明有序是礼的其中一个方面。作为一名小学生，从小就应该养成文明有序的好习惯。如何让他们从父母身边看到礼，意识到有序的好处，如何做到有序，如何去感染影响周围的人便成了本节班会课的主题。同时，让孩子明白父母有很多优点需要我们去学习，也更需要我们用自己的行动去回应，去践行，传承文明。

活动目的：

1. 通过本次班会活动，让学生明白父母教会我们的"有序"能给我们带来美好的生活。

2. 让学生通过活动去反省、改变自己的行为，做一个文明守礼的人。

3. 针对身边的无序现象能提出意见和建议，用自己的言行去影响身边的人，为家庭、校园、社会的井然有序贡献自己的一份力。

活动准备：

1. "火海逃生"的教具

2. 相关教学课件

活动过程：

师生互问好，孩子们真有礼貌，今天这节课，我们就一起来认识——礼。

1. 咱们中国自古以来就被称为"礼仪之邦"。那么，到底什么是"礼"呢？我们来听听大头儿子和小头爸爸是怎么说的吧！

2. 礼是什么呢？是啊，小头爸爸告诉我们：礼对于我们来说就是守规矩、懂礼貌。

活动小结：看来我们的爸爸妈妈也在生活中不断地教育我们，教会我们，老师相信咱们班的孩子一定会在父母的教导下成为守规矩懂礼貌的好孩子。

（设计意图：由孩子们喜欢的动画形象导入，了解"礼"对于我们小学生的含义，在父母的教导下成为守规矩懂礼貌的好孩子。）

一、感受有序，体验文明

1. 大家一起做游戏。老师手拿瓶子做演示并讲解。

2. 请一个小组先来体验，其他同学认真观察，看看对你有什么启发。（请小组上台，一边演示一边讲清游戏规则。）

3. 《火海逃生》游戏规则：

①6人一组，组长扶好瓶子，每人各拿一根绳。

②听清口令再行动。

③5秒钟内，全部拉出的小组获胜。

老师提问：

1. 我想采访一下我们下面的观察员们，你有什么启发？

2. 请每个小组用一分钟讨论一下，怎样才能又快又安全地逃离？

第二次比赛开始。采访优胜小组，分享一下成功的经验。

真棒！按顺序，有序地出来，又快又安全！（板书：有序）

师总结：刚才仅仅是一个体验游戏，游戏失败了，我们可以再来一次，可是，在现实生活中，无序，就会酿成大祸！看，这就是一个真实的案例！（播放踩踏视频）

活动小结：是啊！一个个鲜活的生命因为无序而受到伤害！甚至离我们而去！游戏可以重来，可生命却无法重演！有序，对我们的生活是多么重要！而对于我们小学生来说，应该从小事做起，培养遵守秩序的好习惯！

（设计意图：从参与游戏"火海逃生"中，从观看踩踏事件中，直观地体会到无序所酿成的大祸，震撼孩子的内心，从而让学生在自己的体验中深刻地感受到有序的重要性。任何说教都不如孩子自己的体验来得深刻。）

二、发现问题，践行有序

1. 在学校里，我们有时也会看到这样的画面——午餐时同学们无序地拿取餐具的情形。

2. 你看到了什么？可能会造成哪些后果？我们该怎么做？

3. 演一演。那我们到底怎样做才是正确的呢？请大家在小组内演一演。
请一小组上台演示正确取餐具的情景。谁来夸夸他们？

4. 说一说，学校里还有哪些地方需要我们做到有序？（上下楼梯时，收发作业时，排队集会时……）

小结：我相信，在我们的校园因为有你的发现，有你的改变，有你的行动，一定会更加和谐！（播放照片，配乐朗诵）

楼梯上，同学们礼让右行；

卫生间，同学们谦让有礼；

饮水机前，不挤不推，耐心等待；

图书角处，不吵不闹，轻拿轻放；

大课间，同学们和着音乐动作整齐；

午餐时，同学们安静排队井然有序；

放学了，班级列队平平安安回家去。

有序的校园，它是如此美丽！

（设计意图：心灵上的震撼要化作生活中行为才有意义，选择孩子生活中最常见的一个场景再现，孩子们发现其中的危害。演一演的环节，让孩子参与其中，选择小组同学来做示范，让大家发现他们做得好的地方，榜样的力量是无穷的。孩子们在参与体验中把认识转化为行为。）

三、回馈父母，实践行动

有序，让校园如此美丽。在家中，你也做到有序了吗？我们一起来欣赏一下大头儿子的家吧！谁来告诉我你看到了什么？

和大头儿子家一样，鞋子摆放得整整齐齐，书柜、衣柜井然有序的孩子请举手，真棒！老师特别想来采访你，你的家里是怎样摆放的？你是怎么做的呢？

请同桌的两个孩子说说父母是怎样教你们做到井然有序的，还有哪些方面呢？刚才没有举手的孩子也没关系，听了刚才的一番采访，也一定有所收获，说说回家后你准备怎么做，说不定你的行为也会反过来影响你们的爸爸妈妈和身边的其他人哦！

下面我们就来欣赏这些美好的场面：汽车站、火车站、电梯口、求职时、参观景点时、比赛候场时、食堂打饭时井然有序的人群、排列整齐的自行车、摩托车，行驶有序的汽车，甚至是我们的动物朋友，生活中的点点滴滴。有序，让生活更美好！

总结：是啊，有序的生活离不开父母的教导，父母教会我们有序，有序，让生活更美好！

（设计意图：把有序辐射到生活中的点点滴滴，让孩子们感受到有序让生活更美好。父母教会我们很多很多，反过来，我们的小手也可以牵起大手，用我们的行为去影响父母和身边的其他人。）

感受爱，理解爱，表达爱

成都师范银都小学　李慧娟

设计意图：

现在的孩子，大多都是独生子女。从小衣来伸手，饭来张口，父母为他们所做的一切，在有些孩子眼中都成了理所当然。他们的亲情意识淡薄、只知享受而不懂得感恩、以自我为中心的现象十分严重。因此，体会父母的关爱，理解父母的付出，懂得感恩，就变得非常重要了。设计此次班会活动课，目的在于让孩子们在多种形式的体验过程中，反观自身做法，引导他们理解父母，感悟父母付出的爱。从而使他们学会爱，以自己的实际行动爱父母、爱家人。

活动目标：

(1) 感受爱、理解爱。懂得父母在自己的成长过程中倾注了无限的爱。

(2) 学习爱。体会家庭亲情，感受父母的疼爱，学习父母爱孩子的言行。

(3) 表达爱。学会关心和了解父母，用行动爱父母，爱家人。

活动重点：理解父母的爱。

活动难点：向父母学习，用行动爱父母、爱家人。

活动课时：一课时

授课对象：三年级学生

参与人员：全班学生、家长代表

活动准备：

教师准备：课件

学生准备：出生纪念品、代表爸爸或妈妈的动物头像

活动过程：

一、谈话引入，激发情感

1. 配乐播放亲子生活的图片，带孩子走进爱的世界。

请孩子简要地说感想。

你们也和爸爸妈妈这样幸福地生活在一起，么么可爱快乐的你是从哪儿来的？

2. 老师自述孕期的感受。

二、爸爸妈妈赐予我生命——感受爱

1. 请孩子展示出生纪念品，讲述出生时的小故事。

同桌交流，请部分学生在全班交流。

2. 请爸爸妈妈讲述孩子出生时的故事。

教师小结：每个孩子手捧的这份纪念品都饱含着爸爸妈妈的深情，这是一份什么样的情感呢？——"爱"。（贴"爱"字卡）孩子们已经感受到了这份浓浓的爱。（贴"感受"词卡）

三、爸爸妈妈抚育我成长——理解爱

1. 介绍我的爸爸妈妈，理解有声的爱。

请学生拿出为爸爸或妈妈制作的动物头像卡，在小组内介绍爸爸妈妈，并说说自己和爸爸妈妈之间发生的最有趣或最难忘的小故事。

请部分学生在全班交流。

教师小结：孩子们，你们从爸爸妈妈鼓励与责备的话语中听懂了爱，理解了爱。（贴"理解"）

2. 观看家长送孩子上学的视频——"望"，理解无声的爱。

播放视频。

爸爸妈妈注视着我们上学的背影，他们在望什么？他们想说什么？学生谈感受。

是不是这样的? 我们来采访一下爸爸妈妈。家长谈感受。

教师小结: 孩子们, 你们从爸爸妈妈期待的目光中读懂了爱, 理解了爱。

3. 亲子小游戏"快问快答", 理解爱定格在每一个成长的瞬间。

讲解游戏规则。

第一轮: 说对方的生日。

第二轮: 说昨天为对方做过的事。

采访个别学生。

教师小结: 爸爸妈妈每天为我们辛勤地忙碌着, 我们成长的每一个瞬间都离不开爸爸妈妈浓浓的爱, 这些爱你已经理解了。

四、用行动表达对爸爸妈妈的爱——表达爱

1. 播放公益广告"family"视频。

请孩子说感受, 请家长说感受。

教师小结: 谢谢爸爸妈妈教会了我们爱! 这份爱是真实的, 就在我们成长的每一天每一刻, 那我们应该怎么做呢?

2. 你最想对爸爸妈妈说什么? 你准备为爸爸妈妈做什么?

请学生选择问题情境, 用喜欢的方式向父母表达爱。

教师总结: 爸爸妈妈爱我们, 我们也爱爸爸妈妈。让我们一起感谢爸爸妈妈教会我们——感受爱、理解爱、表达爱!

板书:

爸爸妈妈教会我——

感受

头像

理解　　　　　爱

头像

表达

第五章

活动方案设计

母亲节班会

都江堰市北街小学　袁妍

为进一步弘扬中华民族敬老爱幼的传统美德，请结合母亲节、重阳节等传统节日和班级学生实际情况，让学生了解母亲、长辈为自己成长所付出的艰辛，理解母亲、长辈对自己的期望，懂得如何去感恩，请设计一个以倾听、倾情、倾诉为主要内容的感恩活动，让学生在具体活动中学习感恩，学会感恩。

一、活动背景

为进一步弘扬中华民族敬老爱幼的传统美德，让学生了解母亲、长辈为自己成长所付出的艰辛，理解母亲、长辈对自己的期望，懂得如何去感恩，如何去关爱他人。

二、活动目的

1. 让学生通过活动了解父母为自己付出的艰辛，懂得感激和报答父母的养育之恩是自己的职责。

2. 让学生理解孝敬父母的具体内涵，弘扬民族的传统美德，学会如何爱自己的父母，进而学会如何去关爱他人、关爱社会。

3. 丰富学生的生活和情感积累，树立心中有他人，心中有祖国的情感。

三、活动准备

1. 召开班委会，讲清这次班会的目的和意义，并组织大家讨论班会具体内容与安排，以及班委会干部的具体分工与落实。

2. 给家长写一封信，讲明召开这次主题班会的目的，请家长参与我们的教育活动，给自己的孩子写一封信，写这十几年来的教育与感人的故事，以及对孩子的希望。

四、班会过程

前期准备：

（一）倾听篇——走近亲情

1. 听自己生日的故事，了解"十月怀胎，一朝生子"的艰辛。

2. 观察妈妈尊老敬老、辛勤劳动的事例，了解生活中平凡而伟大的妈妈。

3. 听父母如何理解"母爱"，听父母讲回报母爱的故事。

4. 天底下每一个母亲都记得孩子的生日、爱好以及其他每一个重要的日子，而又有多少孩子了解母亲的生日和爱好呢？

你了解自己的妈妈吗？

你的姓名_____年龄_____所在学校_____班级_____电话_____

1. 妈妈的生日是什么时候？

2. 妈妈平常最爱吃的是什么？

3. 妈妈平时最喜欢做的事是什么？

4. 最令妈妈高兴的事是什么？

5. 最令妈妈生气的事是什么？

6. 妈妈对你的希望是什么？

（二）倾情篇

1. 制作一张感恩卡，在精美的图案下写上充满感恩的话。

2. 准备一封写给妈妈的信。

3. 尝试感谢妈妈的几种方式。如：向妈妈说一句真诚的问候或祝福；陪妈妈聊天；为妈妈捶一捶背；帮妈妈做一些力所能及的家务活；为妈妈表演一段节目；送给妈妈一个吻或一个深情的拥抱……

（三）倾诉篇——开展主题班会

邀请父母到学校与孩子共同参加活动。在班会课上，父母给孩子读《写给我的宝贝的信》。

孩子们说说最近在家里为父母做了些什么？采访一下父母看见我们做事情时候的心情。

用自己的方式感谢妈妈。与妈妈拥抱，并在妈妈怀里轻声读《写给我亲爱的妈妈》。

父母告诉孩子，除了感恩父母，我们还应该做什么？

"那些年"毕业联欢会

成都市锦西外国语实验小学　陈明华

　　题目：孩子们即将小学毕业，请你设计一次主题活动，为孩子们的小学生活画上一个圆满的句号。

活动目的：

1. 与孩子一同回顾六年的成长岁月，铭记母校生活的点点滴滴。

2. 在联欢中庆祝六年成长的收获，分享成功的喜悦。

3. 展望未来，获得成长的动力，放飞十二岁的梦想。

活动时间：

90分钟。

活动地点：

学校阶梯教室。

活动准备：

节目、音响、生日蛋糕、信箱、投影仪等。

参与人员：

全体学生，全体任课老师，全体学生家长。

安全预案：

1. 先做好防火及安全用电工作，对活动过程中点生日蛋糕过程做密切监控。

2. 安排家长专人负责全程电子设备的使用。

3. 安排家长维持活动秩序，避免活动中出现混乱情形。

4. 对可能出现的伤病情况，做好及时抢救送医的准备。

活动过程：

第一章　欢舞童年

1. 全体同学表演准备的节目。

2. 学生在表演节目的过程中，穿插摇奖的方式，随机邀请学生家长和任课老师来表演节目，活跃气氛。

第二章　翻阅童年

以抢答问题的方式，帮助孩子们打开小学生活记忆的大门。

如：班里中途最先转来的是哪一位同学？一年级选出的第一位班长是谁？参加学校的拔河比赛，我们曾经获得过哪些名次……

第三章　感恩童年

1. 在主持人动情的组织下，拥抱爸爸妈妈，向他们致谢，感谢他们的养育之恩。

2. 请六年来为孩子们成长开发了许多资源，创造了许多锻炼机会的家委会代表成员致辞。同学们表达谢意。

3. 请六年来教导孩子们成长的老师代表致辞，同学们为所有任课老师献花。

第四章　珍惜童年

（一）集体生日

1. 作为班主任老师的我，将为孩子们准备一个大生日蛋糕，为孩子们过十二岁的集体生日。共唱生日歌，一起许愿，吹灭蜡烛。

2. 全体同学和老师在生日蛋糕前合影留念。

3. 分蛋糕。

（二）穿越时空的来信

1. 由一位老师扮演的邮递员登场，带来了半年前同学们写给毕业时的自己的信件。

2. 邮递员分发信件。孩子们与家长一道分享从"过去"寄来的信。

3. 在优美的音乐声中，分发纸和笔，孩子与家长再为三年后的孩子写一封信，交由班主任老师代为保管。三年后的同学会上，我们再聚一堂，收取来自过去的信件。

（三）最后一堂课

1. 主持人邀请语文老师兼班主任的我，为同学们上小学的最后一堂课，班级读书会——《猜猜我等谁》。

2. 将所读的这本图画书，裁剪成 46 份，每个孩子一份，作为未来相聚的凭证。

3. 约定未来相聚的日子。

4. 观看六年成长的影集，全体齐唱《骊歌》。

红领巾缅怀先烈，种下心中梦想

成都市石笋街小学　吴薇

学校将组织学生到十二桥烈士陵园开展"祭扫烈士陵园，弘扬革命精神"的活动，请你撰写你班参加本次活动的方案。

活动目的：

通过组织学生到十二桥烈士陵园开展祭扫活动，让学生感受到革命烈士的英勇革命精神，激发学生对先烈的崇敬之情和爱国情怀；体会到今天幸福生活的来之不易，珍惜现在的幸福时光，并联系实际生活，种下红领巾的中国梦。

活动时间及地点：4 月 5 日，十二桥烈士陵园

活动对象：本班学生

活动主题：红领巾缅怀先烈，种下心中梦想

活动准备：

1. 学校准备

（1）提前一周，利用升旗仪式和午会课时间，学校广播站播放烈士英雄的故事和爱国歌曲，让学生了解当时的背景，对烈士心怀热爱和崇敬之情。

（2）活动当天，学校在操场举行全校的动员大会（提前准备并悬挂红底白字的横幅：红领巾缅怀先烈，种下心中梦想），由大队辅导员和大队长宣读倡议书，动员全校学生到十二桥烈士陵园祭奠先烈，弘扬烈士精神，种下心中梦想。

（3）为各班准备透明的玻璃罐用作盛装学生梦想的"梦想樽"。

2. 教师准备

（1）班主任：利用晨会、午会和班会时间，宣讲革命先烈的故事；在班上开展"红领巾缅怀先烈，种下心中梦想"的手抄报制作和评比活动。

（2）音乐老师：利用上课时间，教会孩子一首革命歌曲。

（3）后勤老师：提前考察十二桥烈士陵园的情况，和陵园管理人员做好沟通、对接工作；因学校离陵园较近，决定学生步行前往，所以后勤老师要提前和交管部门做好沟通，请求交管部门的协助，确保路线的安全和畅通。

（4）医务老师：准备好急救医药箱和相应应急措施，以应对意外情况发生。

3．学生准备

（1）积极参加各班组织的"红领巾缅怀先烈，种下心中梦想"手抄报活动。

（2）以小组为单位，排练革命歌曲小合唱、诗歌朗诵等小节目。

（3）梳理、确定自己心中的中国梦，为在心形彩纸上书写做准备。

4．家委会准备

（1）各班家委会会长和班主任老师做好沟通，了解当天的活动具体安排；家委会派三名志愿者当天随班级参加活动，配合班主任老师确保学生在路途和活动中的安全。

（2）提前购置活动过程中需要的鲜花、笔、心形彩纸等物品。

活动步骤：

1．"红领巾缅怀先烈，种下心中梦想"启动仪式。

全体学生在操场上集队，由大队辅导员和大队长宣读倡议书，启动"红领巾缅怀先烈，种下心中梦想"活动。

2．步行前往陵园。

各班同学在老师、家委会志愿者的带队下有序、安静地按照指定路线列队步行前往十二桥烈士陵园。

3．到达陵园，开展"红领巾缅怀先烈，种下心中梦想"活动。

（1）各班派出代表，清扫烈士陵墓上的积尘，献上鲜花，表达对烈士的缅怀和崇敬之情。

（2）全体同学高唱少先队队歌，用嘹亮的歌声向革命先烈展示红领巾的精神风貌。

（3）学生代表宣读"红领巾缅怀先烈，种下心中梦想"誓词。

（4）学生代表宣讲十二桥烈士故事。

（5）班上各小组献上排练好的节目。

1）小合唱《祖国颂》《红梅赞》《英雄赞歌》等。

2）诗歌朗诵《红领巾缅怀先烈，种下心中梦想》。

3）快板表演《英雄故事我来说》。

（6）红领巾种下心中梦想。

1）各位同学在彩色心形纸上写自己的心中梦想，不仅要珍惜眼前革命先烈用生命换来的幸福生活，更要用实际行动来践行自己的心中梦想。

2）全班同学将写有心中梦想的彩色心形纸一一放入"梦想樽"中，由班主任带回，活动结束后存放进学校的"梦想嫩芽陈列室"。同学们相约二十年之后再回母校共同开启"梦想樽"，回望和验证自己的梦想是否实现。

3）全体少先队员在烈士墓碑前宣读入队誓词，重温誓词，激荡心中对革命先烈的崇敬之情。

4）以小组为单位开展扫墓活动，清扫活动过程中遗留下的垃圾，用实际行动践行对先烈的崇敬和缅怀。

备注：家委会志愿者用相机实时记录下活动的精彩瞬间，为活动报道和总结做准备。

四、活动结束

1. 班主任清点学生人数，在家委会志愿者的协助下，学生集合整队，按序步行回校。

2. 回校后再次清点人数，各班回本班教室，班主任老师和学生组长总结本次活动。

安全预案

1. 后勤老师

（1）提前对接陵园工作人员，了解地形情况，做好消防、应急等路线安排。

（2）提前联系交管部门，确保学生行进路线的安全和通畅。

（3）活动当天，学校派出机动车辆停驻在陵园大门侧，以备突发情况使用。

2. 家委会

家委会志愿者佩戴志愿者标志，在班主任的统筹安排下，分前、中、后三个位置随行，保障学生队伍往返学校和陵园路途中的安全；到达陵园后配合班主任老师组织学生开展活动，确保学生的安全。

3. 医务老师

带上应急医药箱，如果学生出现紧急的身体不适情况，可以做及时的救护处理。

感恩之心，与爱同行

金牛区人民北路小学（华侨城校区）　肖娟

题目：小学 6 年的学校生活，短暂而漫长，既有快乐喜悦也有痛苦悲伤，它印刻着孩童成长的足迹，洋溢着收获的喜悦。请根据你所了解的毕业班实际情况，设计一个为小学毕业班学生举行的毕业典礼活动方案。

活动主题：感恩之心，与爱同行

活动地点：学校操场（如果下雨，地点可改为学校阶梯教室）

活动对象：六年级三班学生

活动目的：

1. 在小学毕业前夕，通过隆重而有意义的毕业典礼来展示同学们六年来的学习成果，表达对母校和老师的感谢之情。

2. 毕业典礼也是一次"感恩教育"，通过学生自我教育活动，学习、继承中华民族优秀文化传统，体会父母、亲人、师长、同学、朋友之间无私的亲情、友情，懂得"滴水之恩，当涌泉相报"的真正内涵。

3. 培养自己的责任感，努力以自己的实际行动，回报父母，回报老师，回报母校。

活动形式：年级毕业典礼主题活动

活动内容：

感恩父母，恩情永记

感谢老师，铭记教诲

感激朋友，友谊长存

感谢学校，情系沃土

活动准备：

1. 制订活动计划，做好活动前的调查。

2. 全班同学练吹口琴，学唱歌曲《老师》，分层次背诵《弟子规》，创作绘本，排练小品，进行古诗背诵、新闻报道。

3. 制作好班队活动所需的音乐、课件、照片，渲染气氛。

4. 活动前制作邀请卡并送给老师和自己的爸爸妈妈，做感恩卡、幸运星、千纸鹤，用于活动中送给朋友，为母校准备礼物。

活动步骤：

主持人开场白：让我们一起走进六年级三班"感恩之心，与爱同行"毕业典礼活动！

第一乐章：感恩父母，恩情永记

学生行为：全班诗朗诵《感谢你，我的爸爸妈妈》（背景音乐：《爱需要奇迹》）

甲：听了同学们的朗诵，我感慨万千。

乙：我想到两周前我们中队进行的一次调查。（出示调查表统计图）

甲：每年生日，我们都会开 party 庆祝，可是爸爸妈妈的生日我们却全然不知。全班 52 人，知道爸爸妈妈生日的只有 9 人。

乙：爸爸妈妈经常为我们购买合身的衣服，但我们能准确地为爸爸妈妈挑选合身的衣服吗？我们全班同学不知道爸爸妈妈身高、体重的占 86%。

甲：可是经过这两周的中队活动，同学们开始行动了……

学生行为：全体队员共同交流了解爸爸妈妈的过程。

乙：同学们，正所谓"感恩不待时"，不管是现在还是过去，感恩一直是我们中华民族的传统美德，让我们一起看看古人是怎么做的。有请国学讲堂主讲钟菁旸同学解读《弟子规》。

学生行为：齐诵《弟子规》

甲：今天的主题队会活动，这么多爸爸妈妈、爷爷奶奶、外公外婆来到这里，他们是多么关心我们啊！同学们，别犹豫，走到爸爸妈妈、爷爷奶奶、外公外婆身边，对他们说说你的心里话，记得给他们一个最幸福的拥抱。（背景音乐：《好大一棵树》）

学生行为：走到父母身边说心里话，送上拥抱。

第二乐章：感谢老师，铭记教诲

丙：老师教给了我们知识，教会了我们做人的道理，就像父母一样每时每刻地关心着我们。从你们发黑的眼圈和疲惫的面容，就知道你们每天有多辛苦。让我们真挚地说一声：老师，您辛苦了！

丁：展开一张叫情感的纸，提起一支叫感激的笔，写写给我生命的父母，写写给我知识的老师，写写我一颗热忱、感恩的心。这是张杰伦同学写给谢老师（这个班前四年半的班主任老师，现在已经退休）的一封信，周傲茹同学为这个故事配上了插图。瞧！六年三中队第一本绘本"出版"啦！（出示绘本）

学生行为：张杰伦同学富有感情地朗读绘本，并亲手将绘本赠送给谢老师。

丙：在我们的人生路上，老师永远是那盏最亮的指路灯，千言万语都说不完我们对老师的感谢。

丁：是啊，多少个深夜，大家都睡觉了，老师您还在为我们批改作业，准备教案。今天，同学们想献给老师我们自己的节目，来表达自己对老师的感激之情。

学生行为：合唱《老师》，领唱何世毅同学，钢琴伴奏陈江辉同学。

第三乐章：感激朋友，友谊长存

甲：同学们，从小到大我们都生活在爱的怀抱里，周围的亲人、老师、朋友给予我们的爱使我们拥有的幸福比天上的星星还多，比海洋里的水还要深。

学生行为：小品《我们是相亲相爱的一家人》，表演蔡欣苗、肖越、唐诗敬、陈龙同学。

甲：我们班就像一个温暖的大家庭，同学们就像兄弟姐妹一样地生活在一起。

乙：这学期，咱们班彭琪杰同学到舞蹈学校去学习了，我们都十分舍不得她，常常跟她通电话。

甲：那天中午，彭琪杰同学专门回到我们班，还为每位同学送上苹果，祝愿大家平安、快乐！（出示彭琪杰为同学分发苹果的照片）

乙：此情此景让我们想起了那些耳熟能详的诗句。

学生行为：古诗朗诵——《赠汪伦》《送孟浩然之广陵》《送元二使安西》《别董大》《送杜少府之任蜀州》。

甲：我们全体同学把自己对朋友的感激都变成了一颗颗幸运星，一张张感恩卡，我们要把它们送给最最亲密的朋友。（背景音乐：《活在感恩的世界》）

学生行为：队员互赠幸运星、千纸鹤、感恩卡。

第四乐章：感谢学校，情系沃土

丁：我背着书包第一次迈进北站小学的大门，仿佛就在昨天……（精彩照片回顾）

丙：可转眼间，我在这熟悉的校园里待了快六年了。

学生行为：快乐生活展示：阅读、书法绘画、舞蹈、车模、篮球等。

丁：上笔墨纸砚，研墨颂北小。

学生行为：钟菁旸同学现场书法展示，竹笛伴奏：赵加贝。

学生行为：学生代表给母校送礼物。

请校长为毕业生颁发毕业证。

学生行为：歌曲演唱《放飞梦想》，领唱但宇杰。

结束语：

学生行为：全体毕业生朗诵《少年中国说》片段。

主持人：六年三中队"感恩之心，与爱同行"毕业典礼到此结束！

安全预案：

如果在操场活动，要注意主席台的高度，提前让所有节目彩排、联排，提示表演过程中的安全，班主任老师负责统筹及节目催场，请副班主任老师负责上下台的秩序与安全。

如果下雨，可在阶梯教室举行活动，一定要与大队辅导员沟通，选择其他年级部分队员作为观众，请大队辅导员协助组织观众入场和退场的顺序。由于场地较小，所以提前彩排时演员要紧缩站位，遵循左上右下的原则，提前候场在前门外，由副班主任老师组织候场演员。

活动反思：

一次班级主题活动的意义绝不仅仅反应在这节课40分钟之内，学生的朗诵、歌唱、书法等看起来是幼稚的才艺展示，但他们在活动前进行了一系列的准备活动——调查父母的情况，为老师创作绘本，给朋友制作小礼品，齐心协力为母校准备礼物等。在筹备的过程中，他们了解了父母、老师、朋友、母校，因为了解而更加喜爱，也自然而然地萌生感恩之情，体会到了无私的亲情、友情，懂得了"滴水之恩，当涌泉相报"的真正内涵。他们精心准备的节目更是发自内心地在用实际行动回报父母、回报老师、回报母校。

良好品行伴我成长

成师附小 程科

题目：教书育人是班主任和全体教师的事业职责和工作本分，小学六年是学生个体品格成长和价值观形成的重要时期。请根据学校培养目标和你对小学生六年成长的期望，设计一个"良好品行伴我成长"的班级活动方案。

活动目标：

1. 让学生经历整理分类的过程，体验整理分类的必要性。

2. 初步掌握整理物品的一些基本方法或原则。

3. 提高料理自己生活的能力，能以自己的方式爱长辈。

活动重点：

让全体学生明白自己的事情要自己做，感受自理的快乐，明确自己的事情自己做的重要性。

活动背景：

成师附小的育人目标中，有一项是"我有责任"，作为一年级学生，整理好自己的书包，就是对自己负责任的表现。而且，学会整理自己的物品，对刚入学的孩子来说特别重要。从书包入手，既简单又实用。

活动参与人员：一年级学生

活动时间：40 分钟

活动准备：书包、儿歌等

活动过程：

一、创设情境，引入活动

1. 猜谜语：四四方方一口箱，书本文具里面藏，每天上学离不了，它是我们的好伙伴。

2. 游戏：比赛找书。

（1）同学们每天早上背着书包来到学校，今天，老师也带来了两个书包，我们一起来做个游戏好吗？请同学们选两位同学，按老师的要求进行找书比赛。看谁找书的速度快。

（2）猜一猜：这两个同学谁可能找得快一些？

（3）按要求找出语文书和数学书。

3. 让学生体会整理书包的必要性。

（1）想一想：某某同学为什么找得慢一些？（两人小组讨论后发言）

（2）某某同学，刚才你为什么找得那么慢？

（3）教师展示两个书包（一个整洁，一个乱七八糟）

小结：我们每节课拿书和本子，如果书包里乱七八糟的，容易拿得到吗？

（4）同学们，你们想不想整理一下自己的书包呢？

这节课我们就一起来整理书包。（板书：整理书包）

二、开始活动

（一）整理书包

1. 请同学们拿出自己的书包，打开看一看里面都装了哪些东西，自己说一说。

2. 同学们书包里的东西可真不少啊。怎样整理才能使书包变得整洁呢？请同学们先想一想，再动手整理。

3. 比赛开始。

4. 汇报结果。

请同学们说一说你是怎样整理的。

5. 同学们整理书包的方法可真不少啊！一起来表扬表扬你们自己吧！

6. 教师小结。

方法一：先按书本的大小顺序装入书包，再把水壶放在书包侧面的小包里。

方法二：先把大书和小书放在一起，把本子放在一起，文具盒放在一边，再把大书和小书一起放进书包，再把本子和文具盒放进书包，最后把水壶放在书包侧面的小包里。

（教师给予鼓励：说得真清楚，奖励他一颗小五星。）

7. 儿歌《我的书包我做主》。

我的书包我做主

小小书包四四方，里面东西可不少。

先把大书放包底，再把小书放上面，

各种物品分类放，养成习惯很重要。

（二）个别实践

谁愿意上来整理书包？下面的小朋友要仔细看，认真听，他是怎么整理的？（学生边整理边介绍）

你们看，他整理的书包怎么样？谁来说说他是怎么整理的？（教师提问）

小结过渡：小朋友不仅帮助别人整理好了书包，而且让别人知道了怎样整理书包，真棒！

（三）集体实践

现在，我们也来自己动手进行一次整理书包的比赛好吗？每组推荐一位小朋友当小老师，和老师一道为需要帮助的小朋友服务，比赛规则：

1. 先请小朋友把书包里的东西放在桌子上。

2. 用你喜欢的认为好的方法进行整理。

3. 听口令，老师喊开始，才开始，比比看谁整理得又快又好。

4. 准备，比赛开始。（学生整理书包，小老师和老师一起巡视）

5. 小结。

师：在刚才整理书包的比赛中有些小朋友整理得又快又好，老师感到特别开心。看着整理好了的书包，你们心里高兴吗？快，大家都来夸夸自己吧！你想怎么夸自己就怎么说。

（四）动手实践，指导方法

1. 师：请把你们整理好的书包背起来看看，你觉得自己的书包重不重呢？如果书包很重，那背起来会感到怎么样呢？（学生反应很不舒服）

是啊！有一次，我提了提一位小朋友的书包，觉得好沉，打开一看，发现里面塞得满满的，书包变成了一个小胖子，我们一起来想想办法为书包减减肥，好吗？请前后桌的四个小伙伴互相说一说。

（1）学生交流。

（2）指名说。

2. 请看，这是我们班这学期的课程表，请大家仔细看这学期都有些什么课？（出示投影仪，指名读）让我们动起手来，为我们的书包减减肥。

孩子们，你们抽屉里的东西不是星期四上课需要的东西，这些东西平时应放在哪里，现在请你们提一提自己的书包，感觉怎么样？（学生反应：轻多了）

是呀，根据课程表整理书包，能让我们的书包减肥变轻。

3. 课间休息：小朋友，整理了两次书包，你们一次比一次能干，下面老师送你们一首儿歌，夸夸自己：我有一双灵巧的手，理书包，叠被子，理书桌，收玩具，自己能做的自己做，不能做的学着做，妈妈说我好孩子，爸爸他也夸奖我，夸奖我。

（五）活动总结，提高延伸

1. 这节课小朋友有什么收获呢？

2. 除了学会自己整理书包，还需要学会做哪些事？

3. 设计调查表格一张，每周评比一次，评选出整理小能手。

感谢师长恩、珍惜同学情

彭州市实验小学　苏稚雅

题目：小学六年的学校生活，短暂而漫长，既有快乐喜悦也有痛苦悲伤，它印刻着孩童成长的足迹，洋溢着收获的喜悦。请根据你所了解的毕业班实际情况，设计一个为小学毕业班学生举行的毕业典礼活动方案。

活动地点： 本班教室

活动对象： 本班全体学生、所有科任老师、家长代表

活动主题： 感谢师长恩、珍惜同学情

活动准备：

1. 准备六年来所有活动的照片；

2. 准备相关的活动：邀请家长、科任老师；

3. 布置教室；

4. 准备鲜花、卡片；

5. 制作课件等。

活动目的：

1. 通过本次班会活动，让学生感受到小学六年学习生活的快乐，激发学生对小学生活、学习的怀念，增强学生对母校、老师和同学的留恋、感恩之情。

2. 通过本次活动，对学生进行一次"感恩的教育"，让学生懂得感恩是一种文明，感恩是一种品德，更是一种责任，让学生学会感恩。

3. 让学生能够以积极阳光的心态面对将要到来的初中生活。

安全预案： 提前做好安全预案，并告知学生若有意外情况发生，在老师的

组织下按规定线路疏散到大操场安全区域。

活动形式：主题班会

活动过程：

引入（配背景音乐）。

师：同学们，六年前的夏天，我们告别了幼儿园，好奇地走进了这座美丽而又陌生的实小校园。六年后的今天，很不平凡，我们已经变得成熟而干练，我们已经完成了六年的学业，带着对未来的憧憬和梦想，将从这里扬帆起航。

师：在这六年里，我们彼此从陌生到熟悉，朝夕相处，我们早已是紧密团结的一家人，是互相关心的一家人，是相亲相爱的一家人。在这短暂而漫长的六年中，既有快乐喜悦，也有痛苦悲伤，它印刻着我们成长的足迹，洋溢着收获的喜悦，它带给我们无限美好的回忆。

第一篇章　回首往事

1. 师：同学们，还记得六年前，爸爸妈妈牵着我们的手，带着我们走进实小大门的情景吗？我们第一眼就看到了高大的皂荚树，美丽的紫藤架，那时的我们觉得实小美丽得像个公园。你们还记得自己六年前的模样吗？六年，我们的心中会有怎样的童年记忆，让我们一起来看一下吧。

（PPT播放一组一年级时的照片和一组现在的照片，进行对比）

2. 师：看了这些照片，你有什么感受，想说点什么呢？

学生自由谈感受。

3. 师：看，六年前的我们天真、懵懂、稚嫩。在实小的土地上，我们伴随着老师浓浓的爱与鼓励快乐成长，让我们把最热烈的掌声送给带领我们走进实小校园的老师们，谢谢他们。

接下来，让我们伴随幻灯片，再次回忆我们快乐的童年时光，回忆充满着爱与鼓励的小学生活！

（观看PPT：回忆六年以来有关的生活、学习、玩耍、活动的场景）

4. 学生谈谈六年的学习、生活中，留下深刻印象的人或事。

第二篇章　心存感恩

师：在这六年的学习、生活中，我们的成长离不开老师们的辛勤培育，离不开同学的热情帮助，离不开父母的精心照顾，让我们心怀感恩，真诚地道一声：谢谢老师，谢谢同学们！

1. 学生代表发言。

师：父母给予我们生命，老师教给我们知识，同学给了我们鼓励，家庭与学校为我们插上了可以飞翔的翅膀。今天，我们将走出小学校门，进入一个新的环境，最高兴的莫过于我们的父母了，下面有请咱们班的家长代表发言。

2. 家长代表发言。

师：赠人玫瑰，手有余香。今天，我们所拥有的一切，都是因为我们有着太多关爱着我们的人。他们如此无私的关爱，却从不奢望我们的回报。我们只能用一句最平凡最简单的"谢谢"来表达我们心中最真挚的情谊。同学们，让我们一起大声地喊出：爸爸妈妈，谢谢你们！老师，谢谢你们！亲爱的伙伴，谢谢你们！

3. 学生配乐诗朗诵《老师，您一生都这样站着》。

4. 学生代表上台为老师们献一束鲜花，并说一句话送给老师，表达心中的敬意和祝福！（配乐《每当我走过老师的窗前》）。

5. 学生齐唱歌曲《感谢有你》。

6. 学生之间互送感恩卡（提前准备好），送给你最想感谢的一位同学。

7. 全班齐唱《感恩的心》。

第三篇章　展望未来

师：我们快乐，我们健康；我们成长，我们收获。因为我们心中有一个坚定的信念——尽自己最大努力；因为我们心中有一个永恒的希望——点燃自己的火花。昨天，我们满怀着父母的希望走进实小校园，今天，我们将满怀着老师的期许完成小学学业。我们六年级的老师们也将为我们送上美好的祝福。

1. 教师代表送祝福。

师：你是我的翅膀，因为有你，我能够快乐飞翔。你是我的翅膀，因为有你，我的未来充满想象，请看看父母为我们送上的祝福吧！

2. 家长送祝福（PPT播放家长对孩子的祝福）。

师：短短的话语，浓浓的情意，蕴含着老师父母对我们多深的爱呀。六年，彼此结下的师生情、同学情就像深千尺的桃花潭，永远温暖着我们彼此的心窝。

师：此时此刻，我们每个人的心中都有一个美好的心愿，我们希望以十年为期，与未来有个约定。请同学们拿出心愿卡放进心愿瓶封存起来，为我们定下十年之约，十年之后，我们再相逢。

学生传递心愿瓶，播放音乐《相逢》。

第四篇章 告别童年

师：我们就要离开了，满载着多年采撷的累累硕果。我们就要离开了，满载着母校、师生的殷殷深情。未来怎样，我们都不知道。但是，我们一定会尽力，尽力做一个正直的人、一个快乐的人、一个健康的人、一个无愧于实小的人。在属于实小的最后一刻，让我们和亲爱的老师、同学一起合影留下这美好难忘的时刻吧！

1. 师生合影。

2. 学生写毕业留言、送祝福、告别。

师总结：同学们，你们在实小度过了人生中美好的六年时光，在这里留下了美好的童年回忆。六年的小学生活今天就结束了。这既是一个句号，但却也是你们人生途中的一个逗号。相信你们一定会以此为起点，走向更高、更远的地方，祝愿同学们学业有成！今天的毕业班会到此结束！

节约用水

新津县华润小学　陈秀萍

活动目的：

1. 了解水的作用，懂得我们日常的生活和建设都离不开它，人人都要节约用水。

2. 从身边小事做起，自觉节约水，养成良好习惯。

活动主题：了解水的作用，节约用水。

活动准备：幻灯片、黑板报、背景音乐、相关歌曲等

活动过程：

一、启发谈话，引出课题

让我们一起来谈谈节约水的话题。

二、收集课前资料

1. 师：这是我们课前调查的反馈，要求在 30 秒内说出 5 个答案。

课件出示：你什么时候最需要水？家里的哪些物品需要水？水可以用来干什么？

2. 计时回答。

3. 奖励成绩好的小组。

三、引发思考

1. 视频：小明的妈妈把淘米用的水用来浇花，洗完衣服剩下的水用来冲厕所的片段……

想想：小明的妈妈小气吗？为什么？

2. 小组讨论、反馈。

3. 小结。

4. 师：小明的妈妈不是小气，她是个节约用水的典范。孩子们，你们知道吗？即便一个小小的水龙头，如果一天不拧紧，也会浪费 100 千克水，班上的小朋友家里要是都这样，会浪费多少水？十天呢？如果用纯净水的桶来装（10 千克），可装多少桶……

四、体会"缺水"

1. 有人说：地球表面上 70% 的地方是水，所以水是用不完的。水可以用来发电，所以电也是用不完的。你同意他的观点吗？

2. 各抒己见。

3. 鼓励有见解的发言。

4. 课件一：介绍地球上水的分布和淡水的含量。

课件二：某个地方 30 年前宽阔的大河、美丽的风景与 30 年后河流干涸的对比图，一位老人对比讲述以前人们在河里嬉戏的情景与现在干涸的河床。

5. 播放著名的公益广告：地球只剩下最后一滴水。

五、各抒己见

1. 由于人类对水的浪费与污染，地球上可以食用的水越来越少，有些地方已经出现"最后一滴水"，看到这里，你想说什么？

2. 说说节约用水的方法。

3. 看视频：说出视频中节约用水和浪费水的现象。

4. 夸夸自己身边节约水的好榜样。

5. 对照"节水标兵"，看看自己哪里做得不足。

六、课后延伸

1. 对照"节水标兵"评选表，评出节水标兵。

2. 定期巩固成果。

门上有金色题标，两字"慈悲"；

金子的慈悲，令我欢慰，
我便放胆跨进了门槛；

慈悲的门庭寂无声响，
堂上隐隐有阴惨的偶像；

偶像在伸臂，似庄似戏，
直骇我狂奔出慈悲之第；

我神魂惊悸慌张地前行，
转瞬间又面对"快乐之园"；

快乐园的门前，鼓角声喧，
红衣汉在守卫，神色威严；

游服竞鲜艳，如春蝶舞翩跹，
园林里阵阵香风，花枝隐现；

吹来乐音断片，招诱向前，
赤穷孩蹑近了快乐之园！

守门汉霹雳似的一声呼叱，

露出了我骇愧的两行急泪；

我掩面向僻隐处飞驰，

遭罹了快乐边沿的尖刺；

黄昏。荒街上尘埃舞旋，

凉风里有落叶在呜咽；

天地看似墨色螺形的长卷，

有孤身儿在踟蹰，似退似前；

我仿佛陷落在冰寒的阱锢，

我哭一声我要阳光的暖和！

我想望温柔手掌，偎我心窝，

我想望搂我入怀，纯爱的母；

我悲思正在喷泉似的溢涌，

一闪闪神奇的光，忽耀前路；

光似草际的游萤，乍现乍隐，

又似暑夜的飞星，窜流无定；

神异的精灵！生动了黑夜，

平易了途径，这闪闪的光明；

闪闪的光明！消解了恐惧，

启发了欢欣，这神异的精灵；

昏沉的道上，引导我前进，

一步步离远人间进向天庭；

天庭！在白云深处，白云深处，

有美安琪敛翅羽，安眠未醒；

我亦爱在白云里安眠不醒，

任清风搂抱，明星亲吻殷勤；

光明！我不爱人间，人间难觅

安乐与真情，慈悲与欢欣；

光明，我求祷你引致我上登

天庭，引挈我永住仙神之境；

我即不能上攀天庭，光明，

你也照导我出城围之困；

我是个自然的婴儿，光明知否，

但求回复自然的生活优游；

茂林里有餐不罄的鲜柑野栗，

青草里有享不尽的意趣香柔……

一九二三年五月六日

悲　思

悲思在庭前——

　　不；但看

　新萝憨舞，

　紫藤吐艳，

　蜂恣蝶恋——

悲思不在庭前。

悲思在天上——

　　不；但看

　青白长空，

　气宇晴朗，

　云雀回舞——

悲思不在天上。

悲思在我笔里——

　　不；但看

　白净长毫，

　正待抒写，

浩坦心怀——

悲思不在我的笔里。

悲思在我纸上——

　　　不；但看

　　质净色清，

　　似在腼盼，

　　诗意春情——

悲思不在我的纸上。

悲思莫非在我……

　　　心里——

　　心如古墟，

　野草不株，

　心如冻泉，

　冻结活源，

　心如冬虫，

　久蛰久噤——

不，悲思不在我的心里！

一九二三年五月十三日

问　谁

问谁？呵，这光阴的播弄
　　问谁去声诉，
在这冻沉沉的深夜，凄风
　　吹拂她的新墓？

"看守，你须用心的看守，
　　这活泼的流溪，
莫错过，在这清波里优游，
　　青脐与红鳍！"

那无声的私语在我的耳边
　　似曾幽幽的吹嘘，——
像秋雾里的远山，半化烟，
　　在晓风前卷舒。

因此我紧揽着我生命的绳网，
　　像一个守夜的渔翁，
兢兢的，注视着那无尽流的时光——
　　私冀有彩鳞掀涌。

但如今，如今只余这破烂的渔网——

　　嘲讽我的希冀，

我喘息的怅望着不复返的时光；

　　泪依依的憔悴！

又何况在这黑夜里徘徊，

　　黑夜似的痛楚：

一个星芒下的黑影凄迷——

　　流连着一个新墓！

问谁……我不敢抢呼，怕惊扰

　　这墓底的清淳；

我俯身，我伸手向她搂抱——

　　啊，这半潮润的新坟！

这惨人的旷野无有边沿，

　　远处有村火星星，

丛林中有鸱鸮在悍辩——

　　此地有伤心，只影！

这黑夜，深沉的，环包着大地；

　　笼罩着你与我——

你，静凄凄地安眠在墓底；

　　我，在迷醉里摩挲！

正愿天光更不从东方

　　按时的泛滥：

我便永远依偎着这墓旁——

　　在沉寂里的消幻——

但青曦已在那天边吐露，

　　苏醒的林鸟，

已在远近间相应喧呼 ——

　　又是一度清晓。

不久，这严冬过去，东风

　　又来催促青条：

便妆缀这冷落的墓宫，

　　亦不无花草飘摇。

但为你，我爱，如今永远封禁

　　在这无情的地下——

我更不盼天光，更无有春信：

　　我的是无边的黑夜！

一九二四年秋

她是睡着了

她是睡着了——

星光下一朵斜欹的白莲；

她入梦境了——

香炉里袅起一缕碧螺烟。

她是眠熟了——

涧泉幽抑了喧响的琴弦；

她在梦乡了——

粉蝶儿，翠蝶儿，翻飞的欢恋。

停匀的呼吸：

清芬，渗透了她的周遭的清氛；

有福的清氛，

怀抱着，抚摩着，她纤纤的身形！

奢侈的光阴！

静，沙沙的尽是闪亮的黄金，

平铺着无垠，

波鳞间轻漾着光艳的小艇。

　　醉心的光景：

给我披一件彩衣，啜一坛芳醴，

　　折一枝藤花，

舞，在葡萄丛中颠倒，昏迷。

　　看呀，美丽！

三春的颜色移上了她的香肌，

　　是玫瑰，是月季，

是朝阳里的水仙，鲜妍，芳菲！

　　梦底的幽秘，

挑逗着她的心——纯洁的灵魂，

　　像一只蜂儿。

在花心恣意的唐突——温存。

　　童真的梦境！

静默，休教惊断了梦神的殷勤；

　　抽一丝金络，

抽一丝银络，抽一丝晚霞的紫曛；

　　玉腕与金梭，

织缣似的精审，更番的穿度——

化生了彩霞，

神阙，安琪儿的歌，安琪儿的舞。

可爱的梨涡，

解释了处女的梦境的欢喜，

像一颗露珠，

颤动的，在荷盘中闪耀着晨曦！

一九二五年初夏

为　　谁

这几天秋风来得格外的尖厉：

　　我怕看我们的庭院，

　　树叶伤鸟似的猛旋，

　　中着了无形的利箭——

没了，全没了：生命、颜色、美丽！

就剩下西墙上的几道爬山虎：

　　它那豹斑似的秋色，

　　忍熬着风拳的打击，

　　低低的喘一声乌邑——

"我为你耐着！"它仿佛对我声诉。

它为我耐着，那艳色的秋萝，

　　但秋风不容情的追，

　　追，（摧残是它的恩惠！）

　　追尽了生命的余晖——

这回墙上不见了勇敢的秋萝！

今夜那青光的三星在天上，

倾听着秋后的空院，

悄悄的，更不闻呜咽：

落叶在泥土里安眠——

只我在这深夜，啊，为谁凄惘？

一九二五年八月之前

偶　　然

我是天空里的一片云，
偶尔投影在你的波心——
　　你不必讶异，
　　更无须欢喜——
在转瞬间消灭了踪影。

你我相逢在黑夜的海上，
你有你的，我有我的，方向；
　　你记得也好，
　　最好你忘掉，
在这交会时互放的光亮！

　　　　　　　　　　　　　　　　　一九二六年五月中旬

我不知道风是在哪一个方向吹

我不知道风

是在哪一个方向吹——

我是在梦中,

在梦的轻波里依洄。

我不知道风

是在哪一个方向吹——

我是在梦中,

她的温存,我的迷醉。

我不知道风

是在哪一个方向吹——

我是在梦中,

甜美是梦里的光辉。

我不知道风

是在哪一个方向吹——

我是在梦中,

她的负心,我的伤悲。

我不知道风

是在哪一个方向吹——

我是在梦中

在梦的悲哀里心碎！

我不知道风

是在哪一个方向吹——

我是在梦中，

黯淡是梦里的光辉。

散

文

志 摩 随 笔

（一）汤山温泉

孔使君邀予游小汤山，浴于温泉，风于残荷枫叶之间，登土山望西山脉势之蜿蜒，行吟相答于荒村眉月之下，拄杖感喟于行宫残瓦：此盖行在禁地，小民固不得适意为肆观，今纵目颟，淖濯如是矣！未可易也。濒行顾孔君而笑曰："独恨未挈松胶鹿脯，与君共醉于汤山怪石之巅。"

（二）天津水祸

天不厌祸，津直之民既苦于兵，复没于水，市廛半浸，舫筏遍行，逸者露处，留者窨庐，犬桥于檐，鸡号于脊；舟以行野，一洼靡涯；佳田茂黍鞠为巨浸，老柳古槐，青梢廑拂，天未憖凶，呼号无恤。嗟夫！一村之陷，百里可拯；一府之饥，周转可济；方今祸遍神州，谁与为援哉？朱门弃余肉，道上载饿骨，云泥有判，苦乐不均，虽有大力，莫之能救。

（三）廖传文

娟姐为予言，廖传文者，真世间痴情种子也。自幼嗜《红楼梦》，辄自许为宝玉；适有一表妹寄居其家，善病工愁，又俨然一潇湘后身也。二人相依若命，昕夕不离。未几女殁，廖哭之恸；遂痴狂若癫。父母强为之纳室，终不豫。婚数月，乘间逸去，祝发洞庭，结茅屋焉。尝过北京什刹海，世所传黛玉焚稿地，趋而痛哭之，三日夜，泪尽血出，家人环劝不听也。方其父抚杭时，每日辄挈其表妹扁舟游湖，一小婢为奉笺墨，兴至即扣舷联句，不啻神仙中人也。

（四）吴语

吴侬侬软语，倾藉一时，盖柔转如环，令人意消也。然男子作之不方且俗，即女子其喉音粗者，则其语不纯。坊间类操吴语，其实真苏产亦少。娟姐语予，尝去苏州，有张七小姐者，此真妙绝尘寰矣，使腔宛好如玉盘珠走，而其发音尤天赋清越，迥异寻常；固毋须其软语生风，即謦欬微闻，已足令神魂飞越；且不特语妙已也。其秋波，其皓腕，其檀口，其樱唇，并周旋流转，若合节奏，宜嗔宜喜，此之谓矣。所谓国色者，允宜擅此，俗夫但识检貌，抑未喻也。

（五）野猪

野猪最猛而难猎，田人伺其群而剿取其最后者，其性犯火而突，故不操火而取坚竹锐端，傅油以为兵。一猎夫尝抵一猪，猪穿腹而奔，其脏腑曳出，累累挂荆丛间，蹑之数里，猪张卧一涧中，复冲其腹，暴腾人颠；异日其徒见猪僵，而人竹并碎。（纪事尚简而不失意，此稿之初，字盖兼倍，三削而得此，自以为无可增减矣。然安知不后之视此，又多见其繁文赘字也。）

（六）辟鼠器

蒋复璁言，隆福寺有售辟鼠器者，二小匣中杂砖石，一以悬，一以瘗，则鼠绝于室，无不验者。尝有外人欲厚佣之不可，请鬻其技万金亦不可，毁其器而穷其故不得也。志摩曰：盖自魏晋之际，而符箓之术颇出，今闾里相传魇胜之法，多不可理验。方士取水画环于壁，咒焉，而举室之蚊尽集；然晚辄放去，杀之则其后不灵。是与辟鼠器盖相类，然彼秘方术不肯传，何欤？

（七）摄影奇事

一女子摄影于同生，异日往取，辞以不慎，重摄而又以毁辞。如是者三，女恚。相师曰："不敢欺，影实无恙，而事有足怖者。"因出片示女，则其身后俨然一男子像也。俞重威为予言如此，男子盖其 [故] 夫也。

雨　后　虹

　　我记得儿时在家塾中读书，最爱夏天的打阵。塾前是一个方形铺石的"天井"，其中有石砌的金鱼潭，周围杂生花草，几个积水的大缸，几盆应时的鲜花，——这是我们的"大花园"。南边的夏天下午，蒸热得厉害，全靠傍晚一阵雷雨，来驱散暑气。黄昏时满天星出，凉风透院，我常常袒胸跣足和姊嫂兄弟婢仆杂坐在门口"风头里"，随便谈笑，随便歌唱，算是绝大的快乐。但在白天不论天热得连气都转不过来，可怜的"读书官官"们，还是照常临帖习字，高喊着"黄鸟黄鸟"，"不亦说乎"；虽则手里一把大蒲扇，不住地扇动，满须满腋的汗，依旧蒸炉似透发，先生亦还是照常抽他的大烟，哼他的"清平乐府"。在这样烦溽的时候，对面四丈高白墙上的日影忽然隐息，清朗的天上忽然满布了乌云，花园里的水缸盆景，也沉静暗淡，仿佛等候什么重大的消息，书房里的光线也渐渐减淡，直到先生榻上那只烟灯，原来只像一磷鬼火，大放光明，满屋子里的书桌，墙上的字画，天花板上挂的方玻璃灯，都像变了形，怪可怕的。突然一股尖劲的凉风，穿透了重闷的空气，从窗外吹进房来，吹得我们毛骨悚然，满身腻烦的汗，几乎结冰，这感觉又痛快又难过；但我们那时的注意，却不在身体上，而在这凶兆所预告的大变，我们新学得的什么洪水泛滥、混沌、天翻地覆、皇天震怒；等等字句，立刻在我们小脑子的内库里跳了出来，益发引起孩子们：只望烟头起的本性。我们在这阴迷的时刻，往往相顾悍然，热性放开，大噪狂读，身子也狂摇得连座椅都磔格作响。

同时沉闷的雷声，已经在屋顶发作，再过几分钟，只听得庭心里石板上噼啪有声，仿佛马蹄在那里踢踏；重复停了，又是一小阵沥淅；如此作了几次阵势，临了紧接着坍天破地的一个或是几个霹雳——我们孩子早把耳朵堵住——扁豆大的雨块，就狠命狂倒下来，屋溜屋檐，屋顶，墙角里的碎碗破铁罐，一齐同情地反响；楼上婢仆争收晒件的慌张咒笑声关窗声；间壁小孩的欢叫；雷声不住地震吼；天井里的鱼潭小缸，早已像煮沸的小壶，在那里狂流溢——我们很替可怜的金鱼们担忧；那几盆嫩好的鲜花，也不住地狂颤；阴沟也来不及收吸这汤汤的流水，石天井顷刻名副其实，水一直满出尺半了的阶沿，不好了！书房里的地平砖上都是水了！闪电像蛇似钻入室内，连先生肮脏的炕床都照得铄亮；有时外面厅梁上住家的燕子，也进我们书房来避难，东扑西投，情形又可怜又可笑。

在这一团糟之中，我们孩子反应的心理，却并不简单，第一，我们当然觉得好玩，这里品林嗙朗，那里也品林嗙朗，原来又炎热又乏味的下午忽然变得这样异乎寻常地热闹，小孩哪一个不欢迎。第二，天空一打阵，大家起劲看，起劲开窗户，起劲听，当然写字的搁笔，念书的闭口，连先生（我们想）有时也觉得好玩！然而我记得我个人从前亲切的心理反应，仿佛猪八戒听得师父被女儿国招了亲，急着要散伙的心理。我希望那样半混沌的情形继续，电光永闪着，雨水倒着，水永没上阶沿，漏入室内，因此我们读书写字的责务也永远止歇！孩子们照例怕拘束，最爱自由，爱整天玩，最恨坐定读书，最厌这牢狱一般的书房——犹之猪八戒一腔野心，其实不愿意跟着穷师父取穷经整天只吃些穷斋。所以关入书房的孩子，没有一个心愿的，底里没有一个不想造反；就是思想没有连贯力，同时书房和牢房收敛野性的效力也逐渐增大，所以孩子们至多短期逃学，暗祝先生生瘟病，很少敢昌言，从此不进书房的革命谈。但暑天的打阵，却符合了我们潜伏的希冀，俄顷之间，天地变色，书房变色，有时连先生亦变色，无怪这聚锢的叛儿，这勉强修行的猪八戒，感觉到十二分的畅快，甚至盼望天从此再不要清明，雷雨从此再不要休止！

我生平最纯粹可贵的教育是得之于自然界，田野，森林，山谷，湖，草地，是我的课室；云彩的变幻，晚霞的绚烂，星月的隐现，田野的麦浪是我的功课；瀑吼，松涛，鸟语，雷声是我的教师，我的官觉是他们忠谨的学生，受教的弟子。

大部分生命的觉悟，只是耳目的觉悟；我整整过了二十多年含糊生活，疑视疑听疑嗅疑觉的一个生物！我记得我十三岁那年初次发现我的眼是近视，第一副眼镜配好的时候，天已昏黑，那时我在泥城桥附近和一个朋友走路，我把眼镜试戴上去，仰头一望，异哉！好一个伟大蓝净不相熟的天，张着几千百只指光闪烁的神眼，一直穿过我眼镜眼睛直贯我灵府深处，我持永不得大声叫道，好天，今天才规复我眼睛的权利！

但眼镜虽好，只能助你看，而不能使你看；你若然不愿意来看，来认识，来享乐你的自然界，你就带十副二十副托立克，克立托也是无效！

我到今日才再能大声叫道："好天，今日才知道使用我生命的权利！"

我不抱歉"叫"得迟，我只怕配准了眼镜不知道"看"。

我方才记起小时在私塾里夏天打阵的往迹，我现在想记我两日前冒阵待虹的经验。

猫最好看的情形，是在春天下午她从地毡上午寐醒来，回头还想伸出懒腰，出去游玩，猛然看见五步之内，站着一只傲梗不参的野狗，她不禁大怒，把她二十个利爪一起尽性放开，搂紧在地毡上，把她的背无限地高控，像一个桥洞，尾巴旗杆似笔直竖起，满身的猫毛也满溢着她的义愤。她圆睁了她的黄睛，对准她的仇敌，从口鼻间哈出一声威吓，这是猫的怒，在旁边看它的人虽则很体谅它的发脾气，总觉得有趣可笑。我想我们站得远远地看人类的悲剧，有时也只觉得有趣可笑。我们在稳固的山楼上，看疾风暴雨，看牛羊牧童在雷震电飚中飞奔躲避，也只觉得有趣可笑。

笑，柏格森说，纯粹是智慧的，与深切的同情感兴，不能同时并存。所以我们需要领会悲剧成深的情感——不论是事实或表现在文字里的——的意义，最简捷的方法是将我们自身和经验的对象同化，开振我们的同情力来替他设身处地。你体会伟大情感的程度愈高，你了解人道的范围亦愈广。我们对待自然界我以为也是如此。我们爱寻常草原，不如我们爱高山大水，爱市河庸沼，不如流涧大瀑，爱白日广天，不如朝彩晚霞，爱细雨微风，不如疾雷迅雨。

简言之，我们也爱自然界情感奋切的际会，他所行动的情绪，当然也不是平庸气。

所以我十数年前私塾爱打阵，如今也还是爱打阵，不过这爱字意义不尽同就是。

有一天我正在房里看书，列兰（房东的小女孩，她每次见天象变迁总来报告我，我看见两个最富贵的落日，都是她的功劳）跑来说天快打阵了。我一看窗外果然完全矿灰色，一阵阵的灰在街心里卷起，路上的行人都急忙走着，天上已经叠好无数的雨饼，只等信号一动就下，我赶快穿了雨衣，外加我们的袍，戴上方帽，出门骑上自行车，飞快向我校门赶去。一路雨点已经雹块似抛下。河边满树开花的栗树，曼陀罗，紫丁香，一齐俯首颤悚，专待恣暴，但他们芬芳的呼吸，却彻浃重实的空气，似乎向孟浪的狂且，乞请求免。

我到校门的时候，满天几乎漆黑，雷声已动，门房迎着笑道："呀，你到得真巧，再过一分钟，你准让阵雨漫透！"我笑答道："我正为要漫透来的！"

我一口气跑到河边，四周估量了一下，觉得还是桥上的地位最好，我就去靠在桥栏上老等，我头顶正是那株靠河最大的榆树，对面是棵柳树，从柳树里望见先华亚学院的一角，和我们著名教堂的后背（King's chapel）；两树的中间，正对校友居（Fellows' Building）的大部，中间隔着百码见方齐整匀净葱翠的草庭。这是在我的右边。从柳树的左手望见亭亭倩倩三环洞的先华亚桥，她的妙景，整整地印在平静的康河里，河左岸的牧场上，作旧有几匹马几条黄白花牛在那里吃草，啮啮有声，完全不理会天时的变迁，只晓得勤拂着马鬃牛尾，驱逐愈狠的马蝇牛虫。此时天色虽则阴沉可怕，然我眼前绝美的一幅图画——绝色的建筑，庄严的寺角，绝色的绿草，绝色的河间桥，绝色的垂柳高桥橘——只是一片异样恬静，绝不露仓皇形色。草地上有三两只小雀，时常地跳跃；平常高唱好画者黑雀却都住了口，大约伏在巢里看光景，只远处偶然的鸦啼，散沙似从半天里撒下。

记得，桥上有我站着。

来了！雷雨都到了猖獗的程度，只听见自然界一体的喧哗；雷是鼓，雨落草地是沉溜的弦声，雨落水面是急珠走盘声，雨落柳上是疏郁的琴声，雨落桥栏是击草声。

西南角——牧场那一边我的左手，正对校友居——的云堆里，不时放射出电闪，穿过树林，仿佛好几条紧缠的金蛇掠过光景，一直打到教堂的颜色玻璃和校友居的青藤白石和凹屈别致的窗玻上，像几条铜扁担，同时打一块磨石大的火石，金花四射，光惊骇目。

雨忽注不休。云色虽稍开明，但四围都是雨激起的烟雾苍茫，克莱亚的一面几乎看不清楚。我仰庇橘老翁的高荫，身上并不大湿，但桥上的水，却分成几个泥沟，急冲下来，我站在两条泥沟的中间，所以鞋也没有透水。同时我很高兴发现离我十几码一棵大榆树底下，也有两个人站着，但他们分明是避雨，不是像我看来经验打阵。他们在那里划火抽烟，想等过这阵急霂。

那边牧场方才不管天时变迁尽吃的朋友，此时也躲在场中间两枝榆树底下，马低着头，牛昂着头，在那里抱怨或是崇拜老天的变怒。

雨已经下了十几分钟，益发大了。雷电都已经休止，天色也更清明了。但我所仰庇的橘老翁，再也不能继续荫庇我，他老人家自己的胡髭，也支不住淋漓起来，结果是我浑身增加好几斤重量。有时作恶的水一直灌进我的领子，直溜到背上，寒透肌骨；桥栏也全没了；我脚下的干土，也已经渐次灭迹，几条泥沟，已经迸成一大股浑流，踊跃进行，我下体也增加了重量，连胫骨都湿了。到这个时候，初阵的新奇已经过去，满眼只是一体的雨色，满耳只是一体的雨声，满身只是一体的雨感觉，我独身——避雨那两位已逃入邻近的屋子里——在大雨里听淹，头上的方巾已成了湿巾，前后左右淋个不住，倒觉得无聊起来。

但我有希望，西天的云已经开解不少，露出夕阳的预兆，我想这雨一停一定有奇景出现——我于是立定主意与雨赌耐心。我向地上看，看无数的榆钱在急涡里乱转，还有几个不幸的虫蚁也葬身在这横流之中，我忽然想起道施滔奄夫斯基的一部小说里的一个设想，他说你若然发现你自己在一沧海中一块仅仅容足的拳石上，浪涛像狮虎似向你身上扑来，你在这完全绝望的境地，你还想不想活命？我又想起康赖特的《大风》，人和自然原质的决斗。我又想象我在西伯利亚大雪地，穿着皮裘，手拿牧杖，站在一大群绵羊中间。我想战阵是冒险，恋爱是更大的冒险，死是最大的冒险。我想起耶稣，魔鬼，薇纳司，福贺司德；我想飞出这雨圈，去踏在雨云的背上，看他们工作。我想……半点钟已过，我心海里至少涌起了几万种幻想，但雨还是倒个不住。

又过了足足十分钟，雨势方才收敛。满林的鸟雀都出了家门，使劲地欢呼高唱；此时云彩很别致，东中北三路，还是满布着厚云，并且极低，似乎紧罩在教堂的 H 形尖阁上，但颜色已从乌黑转入青灰，西南隅的云已经开张了一只大口，从月牙形的云絮背后冲射出一海的明霞，仿佛菩萨背后的万道佛光。这精悍的烈焰，和方才初雨时的电闪一样，直照在教堂和校友居的上边，将一带白玻窗尽数打成纯粹的黄金，教堂颜色玻窗上的反射更为强烈，那些画中人物都像穿扮整齐，在金河里游泳跳舞。妙处尤在这些高宇的后背及顶头，只是一片深青，越显得西天云鳞月漏的精神，彩焰奔腾的气象。

未雨之先，万象都只是静，现在雨一过，风又敛迹，天上虽在那里变化，地上还是一体的静；就是阵前的静，是空气空实的现象，是严肃的静，这静是大动大变的符号先声，是火山将炸裂前的静；阵雨后的静不同，空气里的浊质，已经彻底洗净，草青树绿经过了恐怖，重复清新自喜，益发笑容可掬，四周的水气雾意也完全灭迹，这静是清的静，是平静，和悦安舒的静。在这静里，流利的鸟语，益发调新韵切，宛似金匙击玉磬，清脆无比。我对此自然从大力里产出的美，从剧变里透出的和谐，从纷乱中转出的恬静，从暴怒中映出的微笑，从迅奋里结成的安闲，只觉得胸头塞满——喜悦，惊讶，爱好，崇拜，感奋的情绪，满身神经都感受强烈痛快的震撼，两眼火热地蓄泪欲流，声音肢体愿随身旁的飞禽歌舞；同时，我自顶至踵完全湿透浸透，方巾上还不住地滴水，假如有人见我，一定疑心我落水，但我那时绝对不觉得体外的冷，只觉得体内高乐的热（我也没有受寒）。

　　我正注目看西方渐次扫荡满天云锢的太阳，偶然转过身来，不禁失声惊叫。原来从校友居的正中起直到河的左岸，已经筑起一条鲜明五彩的虹桥！

八月六日

童 话 一 则

四爷刚吃完了饭，擦擦嘴，自个儿站在阶沿边儿看花，让风沙乱得怪寒碜的玫瑰花。拍，拍，拍的一阵脚步声，背后来了宝宝，喘着气嚷道：

"四爷，来来，我有好东西让你瞧，真好东西！"

四爷侧着一双小眼，望着他满面通红的姊姊呆呆的不说话。

"来呀，四爷，我不冤你，在前厅哪，快来吧！"四爷还是不动。宝宝急了："好，你不来就不来，四爷不来，我就不会找三爷？"说着转身就想跑。

四爷把脸放一放宽，小眼睛亮一亮，脸上转起一对小圆涡儿——他笑了——就跟着他姊姊走，宝宝看了他那样儿，也忍不住笑了，说："来吧，真淘气！"

宝宝轻轻地把前厅的玻璃门拉开一道缝儿，做个手势，让四爷先扁着身子挺了进去，自己也偷偷地进来了，顺手又把门带上。

四爷有些儿不耐烦，开口了。

"叫我来看什么呀，一间空屋子，几张空桌子，几张空椅子，你老冤我！"宝宝也不理会他，只是仰着头东张西望的，口里说："哪儿去了呢，怕是跑了不成？"

四爷心里想没出息的宝宝准是在找耗子洞哩！

忽然吱的一声叫，东屋角子里插豁的一响，一头小雀儿冲了出来，直当着宝宝四爷的头上斜掠过去……四爷的右腿一阵子发硬，他让吓了一跳。宝宝可乐了。她就讲她的故事。

"我呀吃了饭没有事做，想一个人到前厅来玩玩，我刚一开门儿，他（手点雀儿）像是在外面候久了似的，比我还着急，盆的一声就穿进了门儿。我倒不信，也进来试试，门儿自己关上了。

"他呀，不进门儿着急，一进门儿更着急；只听得他豁拉豁拉地飞个不停，一会儿往东，一会儿往西，一会儿往南，一会儿往北，我忙的尽转着身，瞧着他飞，转得我头都晕了，他可不怕头晕，飞，飞，飞，飞个不停。口里还呦的呦的唱着，真是怪，让人家关在屋子里，他还乐哪——不乐怎么会唱，对不对四爷？回头他真急了：原先他是平飞的像穿梭似的——织布的梭子，我们教科书上有的不是？他爱贴着天花板飞，直飞，斜飞，画圆圈儿飞，推着边儿一顿一顿地飞。回头飞累了，翅膀也没有劲儿了，他就不一定搭架子高飞了，低飞他也干，窗沿上爬爬，桌子上也爬爬；他还跳哪，像草虫子，有时他拐着头不动，像想什么心事似的。对了，他准是听了窗外树上他的也不知是表姊妹，也不知是好朋友，在那儿"奇怪，奇怪！"的找他，可怜他也说不出话，要是我，我就大声地哭叫，说'快来救我呀，我让人家关在屋子里出不来哩！快来救我呀'！

"他还是着急，想飞出去——我说他既然要出去，当初又何必进来，他自个儿进来，才让人关住，他又不愿意，可不是活该；可又是，他哪儿拿得了主意，人都拿不了主意！可怜哪，他见光亮就想盲冲。暴蓬暴蓬的，只听得他在玻璃窗上碰头，准碰得脑袋疼，有几次他险点儿碰昏了，差一点闪了下来。我看得可怜，想开了门儿放他走，可是我又觉得好玩，他一飞出门儿就不理我，他也不会道谢。他倦了，蹲在梁上发呆，像你那样发呆，四爷，我心又软了，我随口编了一个歌儿，对他唱了好几遍，他像懂得，又像不懂得，真怄气，那歌儿我唱你听听，四爷，好不好？"

四爷听了她一长篇演说，瞪着眼老不开口，他可爱宝宝唱歌儿、宝宝唱的比谁的都好听，四爷顶爱，所以他把头点了两下。宝宝就唱：

雀儿，雀儿，

你进我的门儿，

你又想出我的门儿，

彭呀，彭呀，

玻璃老碰你的头儿；

四爷笑了，宝宝接着唱：

屋子里阴凉，

院子里有太阳，

屋子里就有我——你不爱；

院子里有的是

你的姊姊妹妹好朋友；

我张开一双手儿，

叫一声雀儿雀儿，

我愿意做你的妈，

你做我乖乖的儿，

每天吃茶的时候，

我喂你碎饼干儿，

回头我们俩睡一床，

一同到甜甜的梦里去，

唱一个新鲜的歌儿！

宝宝歌还没有唱完，那小雀儿又在乱冲乱飞；四爷张开了两只小臂，口里吁吁的，想去捉他，雀儿愈着急，四爷愈乐。宝宝说四爷你别追他，他怪可怜的，我替他难受……宝宝声音都哑了，她真快哭了。四爷一面追，一面说："我不疼他，雀儿我不爱，他们也没有好心眼儿，可不是，他们把我心爱的鲜红玫瑰花儿，全吃烂了，我要抓住他来问问……"宝宝说："你们男孩子究竟心硬；你也不成，前天不是你睡了觉，妈领了我们出去了，回头你一醒不见了我们，你就哭，哭得奶妈打电话！你说你小，雀儿不比你更小吗？你让人放在家里就不愿意，小雀儿让我们关在屋子里就愿意吗？"

四爷站定了，发了一阵呆，小黑眼珠儿又亮了几亮，对宝宝瞪了一眼，一张小嘴抿得紧紧的，走过去把门打个大开，恭恭敬敬地说一声："请！"

嗖的一声，小雀儿飞了……

印度洋上的秋思

　　昨夜中秋。黄昏时西天挂下一大帘的云母屏，掩住了落日的光潮，将海天一体化成暗蓝色，寂静得如黑衣尼在圣座前默祷。过了一刻，即听得船梢布蓬上悉悉索索嗓泣起来，低压的云夹着迷漾的雨色，将海线逼得像湖一般窄，沿边的黑影，也辨认不出是山是云，但涕泪的痕迹，却满布在空中水上。

　　又是一番秋意！那雨声在急骤之中，有零落萧疏的况味，连着阴沉的气氲，只是在我灵魂的耳畔私语道："秋！"我原来无欢的心境，抵御不住那样温婉的浸润，也就开放了春夏间所积受的秋思，和此时外来的怨艾构合，产出一个弱的婴儿——"愁"。

　　天色早已沉黑，雨也已休止。但方才啜泣的云，还疏松地幕在天空，只露着些惨白的微光，预告明月已经装束齐整，专等开幕。同时船烟正在莽莽苍苍地吞吐，筑成一座蟒鳞的长桥，直联及西天尽处，和轮船泛出的一流翠波白沫，上下对照，留恋西来的踪迹。

　　北天云幕豁处，一颗鲜翠的明星，喜孜孜的先来问探消息；像新嫁妇的侍婢，也穿扮得遍体光艳。但新娘依然姗姗未出。

　　我小的时候，每于中秋夜，呆坐在楼窗外等看"月华"。若然天上有云雾缭绕，我就替"亮晶晶的月亮"担忧，若然见了鱼鳞似的云彩，我的小心就欣欣怡悦，默祷着月儿快些开花，因为我常听人说只要有"瓦楞"云，就有月华；但在月光放彩以前，我母亲早已逼我去上床，所以月华只是我脑筋里一个不曾实现的想象，直到如今。

现在天上砌满了瓦楞云彩，霎时间引起了我早年许多有趣的记忆——但我的纯洁的童心，如今哪里去了！

月光有一种神秘的引力。她能使海波咆哮，她能使悲绪生潮。月下的喟息可以结聚成山，月下的情泪可以培时百亩的畹兰，千茎的紫琳耿。我疑悲哀是人类先天的遗传，否则，何以我们儿年不知悲感的时期，有时对着一泻的清辉，也往往凄心滴泪呢？

但我今夜却不曾流泪。不是无泪可滴，也不是文明教育将我最纯洁的本能锄净，却为是感觉了神圣的悲哀，将我理解的好奇心激动，想学契古特白登（今译夏多勃里昂）来解剖这神秘的"眸冷骨累"。冷的智永远是热的情的死仇。他们不能相容的。

但在这样浪漫的月夜，要来练习冷酷的分析，似乎不近人情，所以我的心机一转，重复将锋快的智刃收起，让沉醉的情泪自然流转，听他产生什么音乐；让缱绻的诗魂漫自低回，看他寻出什么梦境。

明月正在云岩中间，周围有一圈黄色的彩晕，一阵阵的轻霭，在她面前扯过。海上几百道起伏的银沟，一齐在微叱凄其的音节，此外不受清辉的波域，在暗中愤愤涨落，不知是怨是慕。

我一面将自己一部分的情感，看入自然界的现象，一面拿着纸笔，痴望着月彩，想从她明洁的辉光里，看出今夜地面上秋思的痕迹，希冀他们在我心里，凝成高洁情绪的菁华。因为她光明的捷足，今夜遍走天涯，人间的恩怨，哪一件不经过她的慧眼呢？

印度的 Gances（埂奇）（今译恒河）河边有一座小村落，村外一个榕绒密绣的湖边，坐着一对情醉的男女，他们中间草地上放着一尊古铜香炉，烧着上品的水息，那温柔婉恋的烟篆、沉馥香浓的热气，便是他们爱感的象征——月光从云端里轻俯下来，在那女子胸前的珠串上，水息的烟尾上，印下一个慈吻，微哂，重复登上她的云艇，上前驶去。

一家别院的楼上，窗帘不曾放下，几枝肥满的桐叶正在玻璃上摇曳斗趣，月光窥见了窗内一张小蚊床上紫纱帐里，安眠着一个安琪儿似的小孩，她轻轻挨进身去，在他温软的眼睫上，嫩桃似的腮上，抚摩了一会。又将她银色的纤指，理齐了他脐园的额发，霭然微哂着，又回她的云海去了。

一个失望的诗人，坐在河边一块石头上，满面写着忧郁的神情，他爱人的倩影，在他胸中像河水似的流动，他又不能在失望的渣滓里榨出些微甘液，他张开两手，仰着头，让大慈大悲的月光，那时正在过路，洗沐他泪腺湿肿的眼眶，他似乎感觉到清心的安慰，立即摸出一管笔，在白衣襟上写道：

"月光，

你是失望儿的乳娘！"

面海一座柴屋的窗棂里，望得见屋里的内容：一张小桌上放着半块面包和几条冷肉，晚餐的剩余。窗前几上开着一本家用的《圣经》，炉架上两座点着的炉台，不住地流泪，旁边坐着一个皱面驼腰的老妇人，两眼半闭不闭地落在伏在她膝上悲泣的一个少妇，她的长裙散在地板上像一只大花蝶。老妇人掉头向窗外望，只见远远海涛起伏，和慈祥的月光在拥抱密吻，她叹了声气向着斜照在《圣经》上的月彩喝道：

"真绝望了！真绝望了！"

　　她独自在她精雅的书室里，把灯火一齐熄了，倚在窗口一架藤椅上，月光从东墙肩上斜泻下去，笼住她的全身，在花瓶上幻出一个窈窕的倩影，她两根垂辫的发梢，她微潝的媚唇，和庭前几茎高峙的玉兰花，都在静谧的月色中微颤，她加她的呼吸，吐出一股幽香，不但邻近的花草，连月儿闻了，也禁不住迷醉，她腮边天然的妙涡，已有好几日不圆满：她瘦损了。但她在想什么呢？月光，你能否将我的梦魂带去，放在离她三五尺的玉兰花枝上。

　　威尔斯西境一座矿床附近，有三个工人，口衔着笨重的烟斗，在月光中闲坐。他们所能想到的话都已讲完，但这异样的月彩，在他们对面的松林，左首的溪水上，平添了不可言语比说的妩媚，唯有他们工余倦极的眼珠不阉，彼此不约而同今晚较往常多抽了两斗的烟，但他们矿火熏黑、煤块擦黑的面容，表示他们心灵的薄弱，在享乐烟斗以外：虽经秋月溪声的戟刺、也不能有精美情绪之反感。等月影移西一些，他们默默地扑出一斗灰，起身进屋，各自登床睡去。月光从屋背飘眼望进去，只见他们都已睡熟；他们即使有梦，也无非矿内矿外的景色！

　　月光渡过了爱尔兰海峡，爬上海尔佛林的高峰，正对着默默的红潭。潭水凝定得像一大块冰，铁青色。四围斜坦的小峰，全都满铺着蟹清和蛋白色的岩片碎石，一株矮树都没有。沿潭间有些丛草，那全体形势，正像一大青碗，现在满盛了清洁的月辉，静极了，草里不闻虫吟，水里不闻鱼跃；只有石缝里潜涧沥淅之声，断续地作响，仿佛一座大教堂里点着一星小火，益发对照出静穆宁寂的境界，月儿在铁色的潭面上，倦倚了半晌，重复扱起她的银泻，过山去了。

昨天船离了新加坡以后，方向从正东改为东北，所以前几天的船艄正对落日，此后"晚霞的工厂"渐渐移到我们船向的左手来了。

昨夜吃过晚饭上甲板的时候，船右一海银波，在犀利之中涵有幽秘的彩色，凄清的表情，引起了我的凝视。那放银光的圆球正挂在你头上，如其起靠着船头仰望。她今夜并不十分鲜艳：她精圆的芳容上似乎轻笼着一层藕灰色的薄纱；轻漾着一种悲喟的声调；轻染着几痕泪化的雾霭。她并不十分鲜艳，然而她素洁温柔的光线中，犹之少女浅蓝妙眼的斜瞟；犹之春阳融解在山巅白雪的反映的嫩色，含有不可解的迷力，媚态，世间凡具有感觉性的人，只要承沐着她的清辉，就发生也是不可理解的反应，引起隐覆的内心境界的紧张，——像琴弦一样，——人生最微妙的情绪，戟震生命所蕴复高洁名贵创现的冲动。有时在心理状态之前，或于同时，撼动躯体的组织，使感觉血液中突起冰流之冰流，嗅神经难禁之酸辛，内藏汹涌之跳动，泪线之骤热与润湿。那就是秋月兴起的秋思——愁。

昨晚的月色就是秋思的泉源，岂止，直是悲哀幽骚悱怨沉郁的象征，是季候运转的伟剧中最神秘亦最自然的一幕，诗艺界最凄凉亦最微妙的一个消息。

今夜月明人尽望，不知秋思在谁家。

中国字形具有一种独一的妩媚，有几个字的结构，我看来纯是艺术家的匠心：这也是我们国粹之尤粹者之一。譬如"秋"字，已是一个极美的字形；"愁"字更是文字史上有数的杰作：有石开湖晕，风扫松针的妙处，这一群点画的配置，简直经过柯罗的书篆，米仡朗其罗的雕圭，Chogin（肖邦）的神感；像——用一个科学的比喻——原子的结构，将旋转宇宙的大力收缩成一个无形无踪的电核；这十三笔造成的象征，似乎是宇宙和人生悲惨的现象和经验，吒喟和涕泪，所凝成最纯粹精密的结晶，满充了催迷的秘力，你若然有高蒂闲（Gautier）（今译戈蒂埃）异超的知感性，定然可以梦到，愁字变形为秋霞黯绿色的通明宝玉，若用银槌轻击之，当吐银色的幽咽电蛇似腾人云天。

我并不是为寻秋意而看月，更不是为觅新愁而访秋月；蓄意沉浸于悲哀的生活，是丹德所不许的。我盖见月而感秋色，因秋窗而拈新愁：人是一簇脆弱而富于反射性的神经！

我重复回到现实的景色，轻裹在云锦之中的秋月，像一个遍体蒙纱的女郎，她那团圆清朗的外貌像新娘，但同时她幂弦的颜色，那是藕灰，她踟蹰的行踵，掩泣的痕迹，又使人疑是送丧的丽妹。所以我曾说：

"秋月呀！

我不盼望你团圆。"

这是秋月的特色，不论她是悬在落日残照边的新镰，与"黄昏晓"竞艳的眉钩，中霄斗没西陲的金碗，星云参差间的银床，以至一轮腴满的中秋，不论盈昃高下，总在原来澄爽明秋之中，遍洒着一种我只能称之为"悲哀的轻霭"和"传愁的以太"。即使你原来无愁，见此也禁不得沾染那"灰色的音调"，渐渐兴感起来！

秋月呀！

谁禁得起银指尖儿

浪漫地搔爬呵！

不信但看那一海的轻涛，可不是禁不住她玉指的抚摩，在那里低徊饮泣呢！

就是那

无聊的云烟，

秋月的美满，

熏暖了飘心冷眼，

也清冷地穿上了轻缟的衣裳，

来参与这

美满的婚姻和丧礼。

十月六日

泰　山　日　出

　　振铎来信要我在《小说月报》的"泰戈尔"号上说几句话。我也曾答应了，但这一时游济南游泰山游孔陵，太乐了，一时竟拉不拢心思来做整篇的文字，一直挨到现在限期快到，只得勉强坐下来，把我想得到的话不整齐的写出。

　　我们在泰山顶上看太阳。在航过海的人，看太阳从地平线下爬上来，本来不是奇事；而且我个人是曾饱饫过江海与印度洋无比的日彩的。但在高山顶上看日出，尤其在泰山顶上，我们无餍的好奇心，当然盼望一种奇特的境界，与平原或海上不同的。果然，我们初起时，天还暗沉沉的，西方是一片的铁青，东方些微有些白意，宇宙只是——如用旧词形容——一体莽莽苍苍的。但这是我一面感觉劲烈的晓寒，一面睡眠不曾十分醒豁时的约略的印象，等到留心回览时，我不由得大声地狂叫——因为眼前只是一个见所未见的境界。原来昨夜整夜暴风的工程，却砌成一座普遍的云海。除了日观峰与我们所在的玉皇顶以外，东西南北只是平铺着弥漫的云气，在朝旭未露前，宛似无量数厚毳长绒的绵羊，交颈接背的眠着，卷耳与弯角都依稀辨认得出，那时候在这茫茫的云海中，我独自站在雾霭溟蒙的小岛上，发生了奇异的幻想——

　　我躯体无限的长大，脚下的山峦比例我的身量，只是一块拳石；这巨人披着散发，长发在风里像一面墨色的大旗，飒飒地在飘荡。这巨人竖立在大地的顶尖上，仰面向着东方，平拓着一双长臂，在盼望，在迎接，在催促，在默默地叫唤；在崇拜，在祈祷，在流泪——在流久慕未见而将见悲喜交互的热泪……

这泪不是空流的，这默祷不是不生显应的。

巨人的手，指向着东方——

东方有的，在展露的，是什么？

东方有的是瑰丽荣华的色彩，东方有的是伟大普照的光明——出现了，到了，在这里了……

玫瑰汁，葡萄浆，紫荆液，玛瑙精，霜枫叶——大量的染工，在层累的云底工作；无数蜿蜒的鱼龙，爬进了苍白色的云堆。

一方的异彩，揭去了满天的睡意，唤醒了四隅的明霞——光明的神驹，在热奋地驰骋……

云海也活了；眠熟了兽形的涛澜，又回复了伟大的呼啸，昂头摇尾的向着我们朝露染青馒形的小岛冲洗，激起了四岸的水沫浪花，震荡着这生命的浮礁，似在报告光明与欢欣之临莅……

再看东方——海句力士已经扫荡了他的阻碍，雀屏似的金霞，从无垠的肩上产生，展开在大地的边沿。起……起……用力，用力，纯焰的圆颅，一探再探地跃出了地平，翻登了云背，临照在天空……

歌唱呀，赞美呀，这是东方之复活，这是光明的胜利……

散发祷祝的巨人，他的身彩横亘在无边的云海上，已经渐渐的消翳在普遍的欢欣里；现在他雄浑的颂美的歌声，也已在霞彩变幻中，普彻了四方八隅……

听呀，这普彻的欢声；看呀，这普照的光明！

这是我此时回忆泰山日出时的幻想，亦是我想望泰戈尔来华的颂词。

北戴河海滨的幻想

他们都到海边去了。我为左眼发炎不曾去。我独坐在前廊，偎坐在一张安适的大椅内，袒着胸怀，赤着脚，一头的散发，不时有风来撩拂。清晨的晴爽，不曾消醒我初起时睡态；但梦思却半被晓风吹断。我合紧眼帘内视，只见一斑斑消残的颜色，一似晚霞的余赭，留恋地胶附在天边。廊前的马樱，紫荆，藤萝，青翠的叶与鲜红的花，都将他们的妙影映印在水汀上，幻出幽媚的情态无数；我的臂上与胸前，亦满缀了绿荫的斜纹。从树荫的间隙平望，正见海湾：海波亦似被晨曦唤醒，黄蓝相间的波光，在欣然的舞蹈。滩边不时见白涛涌起，迸射着雪样的水花。浴线内点点的小舟与浴客，水禽似的浮着；幼童的欢叫，与水波拍岸声，与潜涛呜咽声，相间的起伏，竞报一滩的生趣与乐意。但我独坐的廊前，却只是静静的，静静的无甚声响。妩媚的马樱，只是幽幽的微辗着，蝇虫也敛翅不飞。只有远近树里的秋蝉在纺纱似的垂引他们不尽的长吟。

在这不尽的长吟中，我独坐在冥想。难得是寂寞的环境，难得是静定的意境；寂寞中有不可言传的和谐，静默中有无限的创造。我的心灵，比如海滨，生平初度的怒潮，已经渐次的清翳，只剩有疏松的海砂中偶尔的回响，更有残缺的贝壳，反映星月的辉芒。此时摸索潮余的斑痕，追想当时汹涌的情景，是梦或是真，再亦不须辨问，只此眉梢的轻绉，唇边的微哂，已足解释无穷奥绪，深深的蕴伏在灵魂的微纤之中。

青年永远趋向反叛，爱好冒险；永远如初度航海者，幻想黄金机缘于浩森的烟波之外：想割断系岸的缆绳，扯起风帆，欣欣的投入无垠的怀抱。他厌恶的是平安，自喜的是放纵与豪迈。无颜色的生涯，是他目中的荆棘；绝海与凶巇，是他爱取自由的途径。他爱折玫瑰；为她的色香，亦为她冷酷的刺毒。他爱搏狂澜：为他的庄严与伟大，亦为他吞噬一切的天才，最是激发他探险与好奇的动机。他崇拜冲动：不可测，不可节，不可预逆，起，动，消歇皆在无形中，狂风似的倏忽与猛烈与神秘。他崇拜斗争：从斗争中求剧烈的生命之意义，从斗争中求绝对的实在，在血染的战阵中，呼噭胜利之狂欢或歌败丧的哀曲。

幻象消灭是人生里命定的悲剧；青年的幻灭，更是悲剧中的悲剧，夜一般的沉黑，死一般的凶恶。纯粹的，猖狂的热情之火，不同阿拉丁的神灯，只能放射一时的异彩，不能永久的朗照；转瞬间，或许，便已敛熄了最后的焰舌，只留存有限的余烬与残灰，在未灭的余温里自伤与自慰。

流水之光，星之光，露珠之光，电之光，在青年的妙目中闪耀，我们不能不惊讶造化者艺术之神奇。然可怖的黑影，倦与衰与饱餍的黑影，同时亦紧紧地跟着时日进行，仿佛是烦恼，痛苦，失败，或庸俗的尾曳，亦在转瞬间，彗星似的扫灭了我们最自傲的神辉——流水涸，明星没，露珠散灭，电闪不再！

在这艳丽的日辉中，只见愉悦与欢舞与生趣，希望，闪烁的希望，在荡漾，在无穷的碧空中，在绿叶的光泽里，在虫鸟的歌吟中，在青草的摇曳中——夏之荣华，春之成功。春光与希望，是长驻的；自然与人生，是调谐的。

在远处有福的山谷内，莲馨花在坡前微笑，稚羊在乱石间跳跃，牧童们，有的吹着芦笛，有的平卧在草地上，仰看交幻的浮游的白云，放射下的青影在初黄的稻田中缥缈地移过。在远处安乐的村中，有妙龄的村姑，在流涧边照映她自制的春裙；口衔烟斗的农夫三四，在预度秋收的丰盈，老妇人们坐在家门外阳光中取暖，她们的周围有不少的儿童，手擎着黄白的钱花在环舞与欢呼。

在远——远处的人间，有无限的平安与快乐，无限的春光……

在此暂时可以忘却无数的落蕊与残红；亦可以忘却花荫中掉下的枯叶，私语地预告三秋的情意；亦可以忘却苦恼的僵癯的人间，阳光与雨露的殷勤，不能再恢复他们腮颊上生命的微笑；亦可以忘却纷争的互杀的人间，阳光与雨露的仁慈，不能感化他们凶恶的兽性；亦可以忘却庸俗的卑琐的人间，行云与朝露的丰姿，不能引逗他们刹那间的凝视；亦可以忘却自觉的失望的人间，绚烂的春时与媚草，只能反激他们悲伤的意绪。

我亦可以暂时忘却我自身的种种；忘却我童年期清风白水似的天真；忘却我少年期种种虚荣的希冀；忘却我渐次的生命的觉悟；忘却我热烈的理想的寻求；忘却我心灵中乐观与悲观的斗争；忘却我攀登文艺高峰的艰辛；忘却刹那的启示与彻悟之神奇；忘却我生命潮流之骤转；忘却我陷落在危险的旋涡中之幸与不幸；忘却我追忆不完全的梦境；忘却我大海底里埋首的秘密；忘却曾经刳割我灵魂的利刃，炮烙我灵魂的烈焰，摧毁我灵魂的狂飙与暴雨；忘却我的深刻的怨与艾；忘却我的冀与愿；忘却我的恩泽与惠感；忘却我的过去与现在……

过去的实在，渐渐的膨胀，渐渐的模糊，渐渐的不可辨认；现在的实在，渐渐的收缩，逼成了意识的一线，细极狭极的一线，又裂成了无数不相连续的黑点……黑点亦渐次的隐翳？幻术似的灭了，灭了，一个可怕的黑暗的空虚……

翡冷翠山居闲话

在这里出门散步去，上山或是下山，在一个晴好的五月的向晚，正像是去赴一个美的宴会，比如去一果子园，那边每株树上都是满挂着诗情最秀逸的果实，假如你单是站着看还不满意时，只要你一伸手就可以采取，可以恣尝鲜味，足够你性灵的迷醉。阳光正好暖和，决不过暖；风息是温驯的，而且往往因为他是从繁花的山林里吹度过来，他带来一股幽远的淡香，连着一息滋润的水气，摩挲着你的颜面，轻绕着你的肩腰，就这单纯的呼吸已是无穷的愉快；空气总是明净的，近谷内不生烟，远山上不起霭，那美秀风景的全部正像画片似的展露在你的眼前，供你闲暇的鉴赏。

作客山中的妙处，尤在你永不须踌躇你的服色与体态；你不妨摇曳着一头的蓬草，不妨纵容你满腮的苔藓；你爱穿什么就穿什么；扮一个牧童，扮一个渔翁，装一个农夫，装一个走江湖的桀卜闪，装一个猎户；你再不必提心整理你的领结，你尽可以不用领结，给你的颈根与胸膛一半日的自由，你可以拿一条这边艳色的长巾包在你的头上，学一个太平军的头目，或是拜伦那埃及装的姿态；但最要紧的是穿上你最旧的旧鞋，别管他模样不佳，他们是顶可爱的好友，他们承着你的体重却不叫你记起你还有一双脚在你的底下。

这样的玩顶好是不要约伴，我竟想严格的取缔，只许你独身；因为有了伴多少总得叫你分心，尤其是年轻的女伴，那是最危险最专制不过的旅伴，你应得躲避她像你躲避青草里一条美丽的花蛇！平常我们从自己家里走到朋友的家里，或是我们执事的地方，那无非是在同一个大牢里从一间狱室移到另一间狱室去，拘束永远跟着我们，自由永远寻不到我们；但在这春夏间美秀的山中或乡间你要是有机会独身闲逛时，那才是你福星高照的时候，那才是你实际领受，亲口尝味，自由与自在的时候，那才是你肉体与灵魂行动一致的时候；朋友们，我们多长一岁年纪往往只是加重我们头上的枷，加紧我们脚胫上的链，我们见小孩子在草里在沙堆里在浅水里打滚作乐，或是看见小猫追他自己的尾巴，何尝没有羡慕的时候，但我们的枷，我们的链永远是制定我们行动的上司！所以只有你单身奔赴大自然的怀抱时，像一个裸体的小孩扑入他母亲的怀抱时，你才知道灵魂的愉快是怎样的，单是活着的快乐是怎样的，单就呼吸单就走道单就张眼看耸耳听的幸福是怎样的。因此你得严格的为己，极端的自私，只许你，体魄与性灵，与自然同在一个脉搏里跳动，同在一个音波里起伏，同在一个神奇的宇宙里自得。我们浑朴的天真是像含羞草似的娇柔，一经同伴的抵触，他就卷了起来，但在澄静的日光下，和风中，他的姿态是自然的，他的生活是无阻碍的。

你一个人漫游的时候，你就会在青草里坐地仰卧，甚至有时打滚，因为草的和暖的颜色自然的唤起你童稚的活泼；在静僻的道上你就会不自主的狂舞，看着你自己的身影幻出种种诡异的变相，因为道旁树木的阴影在他们纤徐的婆娑里暗示你舞蹈的快乐；你也会得信口的歌唱，偶尔记起断片的音调，与你自己随口的小曲，因为树林中的莺燕告诉你春光是应得赞美的；更不必说你的胸襟自然会跟着漫长的山径开拓，你的心地会看着澄蓝的天空静定，你的思想和着山罅间的水声，山罅里的泉响，有时一澄到底到清澈，有时激起成章的波动，流，流，流入凉爽的橄榄林中，流入妩媚的阿诺河去……

　　并且你不但不须应伴，每逢这样的游行，你也不必带书。书是理想的伴侣，但你应得带书，是在火车上，在你住处的客室里，不是在你独身漫步的时候。什么伟大的深沉的鼓舞的清明的优美的思想的根源不是可以在风籁中，云彩里，山势与地形的起伏里，花草的颜色与香息里寻得？自然是最伟大的一部书，葛德说，在他每一页的字句里我们读得最深奥的消息。并且这书上的文字是人人懂得的；阿尔帕斯与五老峰，雪西里与普陀山，莱茵河与扬子江，梨梦湖与西子湖，建兰与琼花，杭州西溪的芦雪与威尼市夕照的红潮，百灵与夜莺，更不提一般黄的黄麦，一般紫的紫藤，一般青的青草同在大地上生长，同在和风中波动——他们应用的符号是永远一致的，他们的意义是永远明显的，只要你自己性灵上不长疮瘢，眼不盲，耳不塞，这无形迹的最高等教育便永远是你的名分，这不取费的最珍贵的补剂便永远供你的受用；只要你认识了这一部书，你在这世界上寂寞时便不寂寞，穷困时不穷困，苦恼时有安慰，挫折时有鼓励，软弱时有督责，迷失时有南针。

一九二五年七月

我所知道的康桥

一

我这一生的周折，大都寻得出感情的线索。不论别的，单说求学。我到英国是为要从罗素。罗素来中国时，我已经在美国。他那不确的死耗传到的时候，我真的出眼泪不够，还做悼诗来了。他没有死，我自然高兴。我摆脱了哥伦比亚大博士衔的引诱，买船票过大西洋，想跟这位二十世纪的福禄泰尔认真念一点书去。谁知一到英国才知道事情变样了：一为他在战时主张和平，二为他离婚，罗素叫康桥给除名了，他原来是采自《巴黎的鳞爪》。Trinity College 的 Fellow，这来他的 Fellow ship 也给取消了。他回英国后就在伦敦住下，夫妻两人卖文章过日子。因此我也不曾遂我从学的始愿。我在伦敦政治经济学院里混了半年，正感着闷想换路走的时候，我认识了狄更生先生。狄更生——Galsworthy Lowes Dickinson——是一个有名的作者，他的《一个中国人通信》（*Letters From John Chinaman*）与《一个现代聚餐谈话》（*A Modern Symposium*）两本小册子早得了我的景仰。我第一次会着他是在伦敦国际联盟协会席上，那天林宗孟先生演说，他做主席；第二次是宗孟寓里吃茶，有他。以后我常到他家里去。他看出我的烦闷，劝我到康桥去，他自己是王家学院（Kings College）的 Fellow。我就写信去问两个学院，回信都说学额早满了，随后还是狄更生先生替我去在他的学院里说好了，给我一个特别生的资格，随意选科听讲。从此黑方巾黑披袍的风光也被我占着了。初起我在离康桥六英里的乡下叫沙士顿地方租了几间小屋住下，同居的有我从前的夫人张幼仪女士与郭虞裳君。每天一早我坐街车（有时自行车）上学，到晚回家。这样的生活过了一个春，但我在康桥还只是个陌生人，谁都不认识，康桥的生活，可以说完全不曾尝着，我知道的只是一个图书馆，几个课室，和三两个吃便宜饭的茶食铺子。狄更生常在伦敦或是大陆上，所以也不常见他。那年的秋季我一个人回到康桥，整整有一学年，那时我才有机会接近真正的康桥生活，同时我也慢慢地"发现"了康桥。我不曾知道过更大的愉快。

二

"单独"是一个耐寻味的现象。我有时想它是任何发现的第一个条件。你要发现你的朋友的"真"，你得有与他单独的机会。你要发现你自己的真，你得给你自己一个单独的机会。你要发现一个地方（地方一样有灵性），你也得有单独玩的机会。我们这一辈子，认真说，能认识几个人？能认识几个地方？我们都是太匆忙，太没有单独的机会。说实话，我连我的本乡都没有什么了解。康桥我要算是有相当交情的，再次许只有新认识的翡冷翠了。啊，那些清晨，那些黄昏，我一个人发痴似的在康桥！绝对的单独。

但一个人要写他最心爱的对象，不论是人是地，是多么使他为难的一个工作？你怕，你怕描坏了它，你怕说过分了恼了它，你怕说太谨慎了辜负了它。我现在想写康桥，也正是这样的心理，我不曾写，我就知道这回是写不好的——况且又是临时逼出来的事情。但我却不能不写，上期预告已经出去了。我想勉强分两节写，一是我所知道的康桥的天然景色，一是我所知道的康桥的学生生活。我今晚只能极简的写些，等以后有兴会时再补。

三

康桥的灵性全在一条河上；康河，我敢说，是全世界最秀丽的一条水。河的名字是葛兰大（Granta），也有叫康河（River Cam）的，许有上下流的区别，我不甚清楚。河身多的是曲折，上游是有名的拜伦潭——"Byron's pool"——当年拜伦常在那里玩的；有一个老村子叫格兰骞斯德，有一个果子园，你可以躺在累累的桃李树荫下吃茶，花果会掉入你的茶杯，小雀子会到你桌上来啄食，那真是别有一番天地。这是上游；下游是从骞斯德顿下去，河面展开，那是春夏间竞舟的场所。上下河分界处有一个坝筑，水流急得很，在星光下听水声，听近村晚钟声，听河畔倦牛刍草声，是我康桥经验中最神秘的一种：大自然的优美，宁静，调谐在这星光与波光的默契中不期然地淹入了你的性灵。

但康河的精华是在它的中流，著名的"Backs"，这两岸是几个最蜚声的学院的建筑。从上面下来是 Pembroke,St.Katharine's, King's, Clare Trinity,St.John's。最令人流连的一节是克莱亚与王家学院的毗连处，克莱亚的秀丽紧邻着王家教堂（King's Chapel）的宏伟。别的地方尽有更美更庄严的建筑，例如巴黎赛因河的罗浮宫一带，威尼斯的利阿尔多大桥的两岸，翡冷翠维基乌大桥的周遭；但康桥的"Backs"自有它的特长，这不容易用一两个状词来概括，它那脱尽尘埃气的一种清澈秀逸的意境可说是超出了画图而化生了音乐的神味。再没有比这一群建筑更调谐更匀称的了！论画，可比的许只有柯罗（Corot）的田野；论音乐，可比的许只有肖邦（Chopin）的夜曲。就这也不能给你依稀的印象，它给你的美感简直是神灵性的一种。

假如你站在王家学院桥边的那棵大椈树荫下眺望，右侧面，隔着一大方浅草坪，是我们的校友居（Fellows Building），那年代并不早，但它的妩媚也是不可掩的，它那苍白的石壁上春夏间满缀着艳色的蔷薇在和风中摇颤，更移左是那教堂，森林似的尖阁不可浼的永远直指着天空；更左是克莱亚，啊！那不可信的玲珑的方庭，谁说这不是圣克莱亚（St. Clare）的化身，那一块石上不闪耀着她当年圣洁的精神？在克莱亚后背隐约可辨的是康桥最潇贵最骄纵的三清学院（Trinity），它那临河的图书楼上坐镇着拜伦神采惊人的雕像。

但这时你的注意早已叫克莱亚的三环洞桥魔术似的摄住。你见过西湖白堤上的西泠断桥不是（可怜它们早已叫代表近代丑恶精神的汽车公司给踩平了，现在它们跟着苍凉的雷峰永远辞别了人间）？你忘不了那桥上斑驳的苍苔，木栅的古色，与那桥拱下泄露的湖光与山色不是？克莱亚并没有那样体面的衬托，它也不比庐山栖贤寺旁的观音桥，上瞰五老的奇峰，下临深潭与飞瀑；它只是怯怜怜的一座三环洞的小桥，它那桥洞间也只掩映着细纹的波鳞与婆娑的树影，它那桥上栉比的小穿阑与阑节顶上双双的白石球，也只是村姑子头上不夸张的香草与野花一类的装饰；但你凝神地看着，更凝神地看着，你再反省你的心境，看还有一丝屑的俗念沾滞不？只要你审美的本能不曾汩灭时，这是你的机会实现纯粹美感的神奇！

　　但你还得选你赏鉴的时辰，英国的天时与气候是走极端的。冬天是荒谬的坏，逢着连绵的雾盲天你一定不迟疑的甘愿进地狱本身去试试；春天（英国是几乎没有夏天的）是更荒谬的可爱，尤其是它那四五月间最渐缓最艳丽的黄昏，那才真是寸寸黄金。在康河边上过一个黄昏是一服灵魂的补剂。啊！我那时蜜甜的单独，那时蜜甜的闲暇。一晚又一晚的，只见我出神似的倚在桥栏上向西天凝望——

　　　　看一回凝细的桥影，

　　　　数一数螺钿的波纹：

　　　　我倚暖了石栏的青苔，

　　　　青苔凉透了我的心坎……

　　还有几句更笨重的怎能仿佛那游丝似轻妙的情景：

　　　　难忘七月的黄昏，远树凝寂，

　　　　像墨泼的山形，衬出轻柔暝色，

　　　　密稠稠，七分鹅黄，三分橘绿，

　　　　那妙意只可去秋梦边缘捕捉……

四

　　这河身的两岸都是四季常青最葱翠的草坪。从校友居的楼上望去，对岸草场上，不论早晚，永远有十数匹黄牛与白马，胫蹄没在恣蔓的草丛中，纵容的在咬嚼，星星的黄花在风中动荡，应和着它们尾鬃的扫拂。桥的两端有斜倚的垂柳与槲荫护住。水是澈底的清澄，深不足四尺，匀匀地长着长条的水草。这岸边的草坪又是我的爱宠，在清朝，在傍晚，我常去这天然的织锦上坐地，有时读书，有时看水，有时仰卧着看天空的行云，有时反仆着搂抱大地的温软。

　　但河上的风流还不止两岸的秀丽。你得买船去玩。船不止一种：有普通的双桨划船，有轻快的薄皮舟（Canoe），有最别致的长形撑篙船（Punt）。最末的一种是别处不常有的：约莫有两丈长，三尺宽，你站直在船艄上用长竿撑着走的。这撑是一种技术。我手脚太蠢，始终不曾学会。你初起手尝试时，容易把船身横住在河中，东颠西撞的狼狈。英国人是不轻易开口笑人的，但是小心他们不出声地皱眉！也不知有多少次河中本来悠闲的秩序叫我这莽撞的外行给捣乱了。我真的始终不曾学会；每回我不服输跑去租船再试的时候，有一个白胡子的船家往往带讥讽地对我说："先生，这撑船费劲，天热累人，还是拿个薄皮舟溜溜吧！"我哪里肯听话，长篙子一点就把船撑了开去，结果还是把河身一段段的腰斩了去！

　　你站在桥上看人家撑，那多不费劲，多美，尤其在礼拜天有几个专家的女郎，穿一身缟素衣服，裙裾在风前悠悠地飘着，戴一顶宽边的薄纱帽，帽影在水草间颤动，你看她们出桥洞时的姿态，捻起一根竟像没分量的长竿，只轻轻的，不经心的往波心里一点，身子微微的一蹲，这船身便波的转出了桥影，翠条鱼似的向前滑了去。她们那敏捷，那闲暇，那轻盈，真是值得歌咏的。

在初夏阳光渐暖时你去买一支小船，划去桥边荫下躺着念你的书或是做你的梦，槐花香在水面上漂浮，鱼群的唼喋声在你的耳边挑逗。或是在初秋的黄昏，近着新月的寒光，望上流僻静处远去。爱热闹的少年们携着他们的女友，在船沿上支着双双的东洋彩纸灯带着话匣子，船心里用软垫铺着，也开向无人迹处去享他们的野福——谁不爱听那水底翻的音乐在静定的河上描写梦意与春光！

住惯城市的人不易知道季候的变迁。看见叶子掉知道是秋，看见叶子绿知道是春；天冷了装炉子，天热了拆炉子；脱下棉袍，换上夹袍，脱下夹袍，穿上单袍：不过如此罢了。天上星斗的消息，地下泥土里的消息，空中风吹的消息，都不关我们的事。忙着哪，这样那样事情多着，谁耐烦管星星的移转，花草的消长，风云的变幻？同时我们抱怨我们的生活，苦痛，烦闷，拘束，枯燥，谁肯承认做人是快乐？谁不多少间咒诅人生？

但不满意的生活大都是由于自取的。我是一个生命的信仰者，我信生活绝不是我们大多数人仅仅从自身经验推得的那样暗惨。我们的病根是在"忘本"。人是自然的产儿，就比枝头的花与鸟是自然的产儿；但我们不幸是文明人，入世深似一天，离自然远似一天。离开了泥土的花草，离开了水的鱼，能快活吗？能生存吗？从大自然，我们取得我们的生命；从大自然，我们应分取得我们继续的滋养。那一株婆娑的大木没有盘错的根柢深入在无尽藏的地里？我们是永远不能独立的。有幸福是永远不离母亲抚育的孩子，有健康是永远接近自然的人们。不必一定与鹿豕游，不必一定回"洞府"去；为医治我们当前生活的枯窘，只要"不完全遗忘自然"一张轻淡的药方我们的病象就有缓和的希望。在青草里打几个滚，到海水里洗几次浴，到高处去看几次朝霞与晚照——你肩背上的负担就会轻松了去的。

这是极肤浅的道理，当然。但我要没有过遇康桥的日子，我就不会有这样的自信。我这一辈子就只那一春，说也可怜，算是不曾虚度。就只那一春，我的生活是自然的，是真愉快的！（虽则碰巧那也是我最感受人生痛苦的时期。）我那时有的是闲暇，有的是自由，有的是绝对单独的机会。说也奇怪，竟像是第一次，我辨认了星月的光明，草的青，花的香，流水的殷勤。我能忘记那初春的睥睨吗？曾经有多少个清晨我独自冒着冷去薄霜铺地的林子里闲步——为听鸟语，为盼朝阳，为寻泥土里渐次苏醒的花草，为体会最微细最神妙的春信。啊，那是新来的画眉在那边调不尽的青枝上试它的新声！啊，这是第一朵小雪球花挣出了半冻的地面！啊，这不是新来的潮润沾上了寂寞的柳条？

静极了，这朝来水溶溶的大道，只远处牛奶车的铃声，点缀这周遭的沉默。顺着这大道走去，走到尽头，再转入林子里的小径，往烟雾浓密处走去，头顶是交枝的榆荫，透露着漠楞楞的曙色；再往前走去，走尽这林子，当前是平坦的原野，望见了村舍，初青的麦田，更远三两个馒形的小山掩住了一条通道。天边是雾茫茫的，尖尖的黑影是近村的教寺。听，那晓钟和缓的清音。这一带是此邦中部的平原，地形像是海里的轻波，默沉沉的起伏；山岭是望不见的，有的是常青的草原与沃腴的田壤。登那土阜上望去，康桥只是一带茂林，拥戴着几处娉婷的尖阁。妩媚的康河也望不见踪迹，你只能循着那锦带似的林木想象那一流清浅。村舍与树林是这地盘上的棋子，有村舍处有佳荫，有佳荫处有村舍。这早起是看炊烟的时辰：朝雾渐渐的升起，揭开了这灰苍苍的天幕（最好是微霭后的光景），远近的炊烟，成丝的，成缕的，成卷的，轻快的，迟重的，浓灰的，淡青的，惨白的，在静定的朝气里渐渐的上腾，渐渐地不见，仿佛是朝来人们的祈祷，参差的翳入了天听。朝阳是难得见的，这初春的天气。但它来时是起早人莫大的愉快。顷刻间这田野添深了颜色，一层轻纱似的金粉糁上了这草，这树，这通道，这庄舍。顷刻间这周遭弥漫了清晨富丽的温柔。顷刻间你的心怀也分润了白天诞生的光荣。"春"！这胜利的晴空仿佛在你的耳边私语。"春"！你那快活的灵魂也仿佛在那里回响。

……

伺候着河上的风光，这春来一天有一天的消息。关心石上的苔痕，关心败草里的花鲜，关心这水流的缓急，关心水草的滋长，关心天上的云霞，关心新来的鸟语。怯怜怜的小雪球是探春信的小使。铃兰与香草是欢喜的初声。窈窕的莲馨，玲珑的石水仙，爱热闹的克罗克斯，耐辛苦的蒲公英与雏菊——这时候春光已是缦烂在人间，更不须殷勤问讯。

瑰丽的春放。这是你野游的时期。可爱的路政，这里不比中国，哪一处不是坦荡荡的大道？徒步是一个愉快，但骑自转车是一个更大的愉快。在康桥骑车是普遍的技术；妇人，稚子，老翁，一致享受这双轮舞的快乐。（在康桥听说自转车是不怕人偷的，就为人人都自己有车，没人要偷。）任你选一个方向，任你上一条通道，顺着这带草味的和风，放轮远去，保管你这半天的逍遥是你性灵的补剂。这道上有的是清荫与美草，随地都可以供你休憩。你如爱花，这里多的是锦绣似的草原。你如爱鸟，这里多的是巧啭的鸣禽。你如爱儿童，这乡间到处是可亲的稚子。你如爱人情，这里多的是不嫌远客的乡人，你到处可以"挂单"借宿，有酪浆与嫩薯供你饱餐，有夺目的果鲜恣你尝新。你如爱酒，这乡间每"望"都为你储有上好的新酿，黑啤如太浓，苹果酒姜酒都是供你解渴润肺的。……带一卷书，走十里路，选一块清静地，看天，听鸟，读书，倦了时，和身在草绵绵处寻梦去——你能想象更适情更适性的消遣吗？

陆放翁有一联诗句"传呼快马迎新月，却上轻舆趁晚凉"；这是做地方官的风流。我在康桥时虽没马骑，没轿子坐。却也有我的风流：我常常在夕阳西晒时骑了车迎着天边扁大的日头直追。日头是追不到的，我没有夸父的荒诞，但晚景的温存却被我这样偷尝了不少。有三两幅书画图似的经验至今还是栩栩的留着，只说看夕阳，我们平常只知道登山或是临海，但实际只须辽阔的天际，平地上的晚霞有时也是一样的神奇。有一次我赶到一个地方，手把着一家村庄的篱笆，隔着一大田的麦浪，看西天的变幻。有一次是正冲着一条宽广的大道，过来一大群羊，放草归来的，偌大的太阳在它们后背放射着万缕的金辉，天上却是乌青青的，只剩这不可逼视的威光中的一条大路，一群生物！我心头顿时感着神异性的压迫，我真的跪下了，对着这冉冉渐翳的金光。再有一次是更不可忘的奇景，那是临着一大片望不到头的草原，满开着艳红的罂粟，在青草里亭亭的像是万盏的金灯，阳光从褐色云里斜着过来，幻成一种异样的紫色，透明似的不可逼视，刹那间在我迷眩了的视觉中，这草田变成了……不说也罢，说来你们也是不信的！

一别二年多了，康桥，谁知我这思乡的隐忧？也不想别的，我只要那晚钟撼动的黄昏，没遮拦的田野，独自斜倚在软草里，看第一个大星在天边出现！

一九二六年一月十五日再添几句闲话的

海滩上种花

　　朋友是一种奢华；且不说酒肉势利，那是说不上朋友，真朋友是相知，但相知谈何容易，你要打开人家的心，你先得打开你自己的，你要在你的心里容纳人家的心，你先得把你的心推放到人家的心里去：这真心或真性情的相互的流转，是朋友的秘密，是朋友的快乐。但这是说你内心的力量够得到，性灵的活动有富余，可以随时开放，随时往外流，像山里的泉水，流向容得住你的同情的沟槽；有时你得冒险，你得花本钱，你得抵拼在巉岈的乱石间，触刺的草缝里耐心的寻路，那时候艰难，苦痛，消耗，在在是可能的，在你这水一般灵动，水一般柔顺的寻求同情的心能找到平安欣快以前。

　　我所以说朋友是奢华，"相知"是宝贝，但得拿真性情的血本去换，去拼。因此我不敢轻易说话，因为我自己知道我的来源有限，十分的谨慎尚且不时有破产的恐惧；我不能随便"花"。前天有几位小朋友来邀我跟你们讲话，他们的恳切折服了我，使我不得不从命，但是小朋友们，说也惭愧，我拿什么来给你们呢？

　　我最先想来对你们说些孩子话，因为你们都还是孩子。但是那孩子的我到哪里去了？仿佛昨天我还是个孩子，今天不知怎的就变了样。什么是孩子要不为一点活泼的天真？但天真就比是泥土里的嫩芽，天冷泥土硬就压住了它的生机——这年头问谁去要和暖的春风？

　　孩子是没了。你记得的只是一个不清切的影子，模糊得紧，我这时候想起就像是一个瞎子追念他自己的容貌，一样的记不周全；他即使想急了拿一双手到脸上去印下一个模子来，那模子也是个死的。真的没了。一天在公园里见一个小朋友不提多么活动，一忽儿上山，一忽儿爬树，一忽儿溜冰，一忽儿干草里打滚，要不然就跳着憨笑；我看着羡慕，也想学样，跟他一起玩，但是不能，我是一个大人，身上穿着长袍，心里存着体面，怕招人笑，天生的灵活换来矜持的存心——孩子，孩子是没有的了，有的只是一个年岁与教育蛀空了的躯壳，死僵僵的，不自然的。

我又想找回我们天性里的野人来对你们说话。因为野人也是接近自然的；我前几年过印度时得到极刻心的感想，那里的街道房屋以及土人的体肤容貌，生活的习惯，虽则简，虽则陋，虽则不夸张，却处处与大自然——上面碧蓝的天，火热的阳光，地下焦黄的泥土，高矗的椰树——相调谐，情调，色彩，结构，看来有一种意义的一致，就比是一件完美的艺术的作品。也不知怎的，那天看了他们的街，街上的牛车，赶车的老头露着他的赤光的头颅与此紫姜色的圆肚，他们的庙，庙里的圣像与神座前的花，我心里只是不自在，就仿佛这情景是一个熟悉的声音的叫唤，叫你去跟着他，你的灵魂也何尝不活跳跳的想答应一声"好，我来了，"但是不能，又有碍路的挡着你，不许你回复这叫唤声启示给你的自由。困着你的是你的教育；我那时的难受就比是一条蛇摆脱不了困住他的一个硬性的外壳——野人也给压住了，永远出不来。

所以今天站在你们上面的我不再是融会自然的野人，也不是天机活灵的孩子：我只是一个"文明人"，我能说的只是"文明话"。但什么是文明只是坠落！文明人的心里只是种种虚荣的念头，他到处忙不算，到处都得计较成败。我怎么能对着你们不感觉惭愧？不了解自然不仅是我的心，我的话也是的。并且我即使有话说也没法表现，即使有思想也不能使你们了解；内里那点子性灵就比是在一座石壁里牢牢的砌住，一丝光亮都不透，就凭这双眼望见你们，但有什么法子可以传达我的意思给你们，我已经忘却了原来的语言，还有什么话可说的？

但我的小朋友们还是逼着我来说谎（没有话说而勉强说话便是谎）。知识，我不能给；要知识你们得请教教育家去，我这里是没有的。智慧，更没有了；智慧是地狱里的花果，能进地狱更能出地狱的才采得着智慧，不去地狱的便没有智慧——我是没有的。

我正发窘的时候，来了一个救星——就是我手里这一小幅画，等我来讲道理给你们听。这张画是我的拜年片，一个朋友替我制的。你们看这个小孩子在海边沙滩上独自的玩，赤脚穿着草鞋，右手提着一枝花，使劲把它往沙里栽，左手提着一把浇花的水壶，壶里水点一滴滴的往下掉着。离着小孩不远看得见海里翻动着的波澜。

你们看出了这画的意思没有？

在海沙里种花。在海沙里种花！那小孩这一番种花的热心怕是白费的了。沙碛是养不活鲜花的，这几点淡水是不能帮忙的；也许等不到小孩转身，这一朵小花已经支不住阳光的逼迫，就得交卸他有限的生命，枯萎了去。况且那海水的浪头也快打过来了，海浪冲来时不说这朵小小的花，就是大根的树也怕站不住——所以这花落在海边上是绝望的了，小孩这番力量准是白化的了。

　　你们一定很能明白这个意思。我的朋友是很聪明的，她拿这画意来比我们一群呆子，乐意在白天里做梦的呆子，满心想在海沙里种花的傻子。画里的小孩子拿着有限的几滴淡水想维持花的生命，我们一群梦人也想在现在比沙漠还要干枯比沙滩更没有生命的社会里，凭着最有限的力量，想下几颗文艺与思想的种子，这不是一样的绝望，一样的傻？想在海沙里种花，想在海沙里种花，多可笑呀！但我的聪明的朋友说，这幅小小画里的意思还不止此；讽刺不是她的目的。她要我们更深一层看。在我们看来海沙里种花是傻气，但在那小孩自己却不觉得。他的思想是单纯的，他的信仰也是单纯的。他知道的是什么？他知道花是可爱的，可爱的东西应得帮助他发长；他平常看见花草都是从地土里长出来的，他看来海沙也只是地，为什么海沙里不能长花他没有想到，也不必想到，他就知道拿花来栽，拿水去浇，只要那花在地上站直了他就欢喜，他就乐，他就会跳他的跳，唱他的唱，来赞美这美丽的生命，以后怎么样，海沙的性质，花的运命，他全管不着！我们知道小孩们怎样的崇拜自然，他的身体虽则小，他的灵魂却是大着，他的衣服也许脏，他的心可是洁净的。这里还有一幅画，这是自然的崇拜，你们看这孩子在月光下跪着拜一朵低头的百合花，这时候他的心与月光一般的清洁，与花一般的美丽，与夜一般的安静。我们可以知道到海边上来种花那孩子的思想与这月下拜花的孩子的思想会得跪下的——单纯，清洁，我们可以想象那一个孩子把花栽好了也是一样来对着花膜拜祈祷——他能把花暂时栽了起来便是他的成功，此外以后怎么样不是他的事情了。

　　你们看这个象征不仅美，并且有力量；因为它告诉我们单纯的信心是创作的泉源——这单纯的烂漫的天真是最永久最有力量的东西，阳光烧不焦他，狂风吹不倒他，海水冲不了他，黑暗掩不了他——地面上的花朵有被摧残有消灭的时候，但小孩爱花种花这一点："真"却有的是永久的生命。

我们来放远一点看。我们现有的文化只是人类在历史上努力与牺牲的成绩。为什么人们肯努力肯牺牲？因为他们有天生的信心；他们的灵魂认识什么是真什么是善什么是美，虽则他们的肉体与智识有时候会诱惑他们反着方向走路；但只要他们认明一件事情是有永久价值的时候，他们就自然地会得兴奋，不期然的自己牺牲，要在这忽忽变动的声色的世界里，赎出几个永久不变的原则的凭证来。耶稣为什么不怕上十字架？密尔顿何以瞎了眼还要作诗，贝德花芬何以聋了还要制音乐，密仡郎其罗为什么肯积受几个月的潮湿不顾自己的皮肉与靴子连成一片的用心思，为的只是要解决一个小小的美术问题？为什么永远有人到冰洋尽头雪山顶上去探险？为什么科学家肯在显微镜底下或是数目字中间研究一般人眼看不到心想不通的道理消磨他一生的光阴？

为的是这些人道的英雄都有他们不可摇动的信心；像我们在海沙里种花的孩子一样，他们的思想是单纯的——宗教家为善的原则牺牲，科学家为真的原则牺牲，艺术家为美的原则牺牲——这一切牺牲的结果便是我们现有的有限的文化。

你们想想在这地面上做事难道还不是一样的傻气——这地面还不与海沙一样不容你生根；在这里的事业还不是与鲜花一样的娇嫩？——潮水过来可以冲掉，狂风吹来可以折坏，阳光晒来可以薰焦我们小孩子手里拿着往沙里栽的鲜花，同样的，我们文化的全体还不一样有随时可以冲掉折坏薰焦的可能吗？巴比伦的文明现在哪里？庞培城曾经在地下埋过千百年，克利脱的文明直到最近五六十年间才完全发现。并且有时一件事实体的存在并不能证明他生命的继续。这区区地球的本体就有一千万个毁灭的可能。人们怕死不错，我们怕死人，但最可怕的不是死的死人，是活的死人，单有躯壳生命没有灵性生活是莫大的悲惨；文化也有这种情形，死的文化倒也罢了，最可怜的是勉强喘着气的半死的文化。你们如其问我要例子，我就不迟疑的回答你说，朋友们，贵国的文化便是一个喘着气的活死人！时候已经很久的了，自从我们最后的几个祖宗为了不变的原则牺牲他们的呼吸与血液，为了不死的生命牺牲他们有限的存在，为了单纯的信心遭受当时人的讪笑与侮辱。时候已经很久的了，自从我们最后听见普遍的声音像潮水似的充满着地面。时候已经很久的了，自从我们最后看见强烈的光明像彗星似的扫掠过地面。时候已经很久的了，自从我们最后为某种主义流过火热的鲜血。时候已经很久的了，自从我们的骨髓里有胆量，我们的说话里有分量。这是一个极伤心的反省！我真不知道这时代犯了什么不可赦的大罪，上帝竟狠心的赏给我们这样恶毒的刑罚？你看看去这年头到哪里去找一个完全的男子或是一个完全的女子——你们去看看，这年头哪一个男子不是阳痿，哪一个女子不是鼓胀！要形容我们现在受罪的时期，我们得发明一个比丑更丑比脏更脏比下流更下流比苟且更苟且比懦怯更懦怯的一类生字去！朋友们，真的我心里常常害怕，害怕下回东风带来的不是我们盼望中的春天，不是鲜花青草蝴蝶飞鸟，我怕他带来一个比冬天更枯槁更凄惨更寂寞的死天——因为丑陋的脸子不配穿漂亮的衣服，我们这样丑陋的变态的人心与社会凭什么权利可以问青天要阳光，问地面要青草，问飞鸟要音乐，问花朵要颜色？你问我明天天会不会放亮？我回答说我不知道，竟许不！

　　归根是我们失去了我们灵性努力的重心，那就是一个单纯的信仰，一点烂漫的童真！不要说到海滩去种花——我们都是聪明人谁愿意做傻瓜去——就是在你自己院子里种花你都懒怕动手哪！最可怕的怀疑的鬼与厌世的黑影已经占住了我们的灵魂！

　　所以朋友们，你们都是青年，都是春雷声响不曾停止时破绽出来的鲜花，你们再不可堕落了——虽则陷阱的大口满张在你的跟前，你不要怕，你把你的烂漫的天真倒下去，填平了它再往前走——你们要保持那一点的信心，这里面连着来的就是精力与勇敢与灵感——你们要不怕做小傻瓜，尽量在这人道的海滩边种你的鲜花去——花也许会消灭，但这种花的精神是不烂的！

天目山中笔记

佛于大众中　说我当作佛

闻如是法音　疑悔悉已除

初闻佛所说　心中大惊疑

将非魔作佛　恼乱我心耶

——莲花经譬喻品

　　山中不定是清静。庙宇在参天的大木中间藏着，早晚间有的是风，松有松声，竹有竹韵，鸣的禽，叫的虫子，阁上的大钟，殿上的木鱼，庙身的左边右边都安着接泉水的粗毛竹管，这就是天然的笙箫，时缓时急的掺和着天空地上种种的鸣籁。静是不静的；但山中有的声响，不论是泥土里的蚯蚓叫或是轿夫们深夜里"唱宝"的异调，自有一种各别处：它来得纯粹，来得清亮，来得透澈，冰水似的沁入你的脾肺；正如你在泉水里洗濯过后觉得清白些，这些山籁，虽则一样是音响，也分明有洗净的功能。

　　夜间这些清籁摇着你入梦，早清上你也从这些清籁的怀抱中苏醒。

　　山居是福，山上有楼住更是修得来的。我们的楼窗开处是一片蓊葱的林海；林海外更有云海！日的光，月的光，星的光：全是你的。从这三尺方的窗户你接受自然的变幻；从这三尺方的窗户你散放你情感的变幻。自在；满足。

今早梦回时睁眼见满帐的霞光。鸟雀们在赞美；我也加入一份。它们的是清越的歌唱，我的是潜深一度的沉默。

钟楼中飞下一声宏钟，空山在音波的磅礴中震荡。这一声钟激起了我的思潮。不，潮字太夸；说思流罢。耶教人说阿门，印度教人说"欧姆"（Ｏｍ），与这钟声的嗡嗡，同是从撮口外摄到阖口内包的一个无限的波动：分明是外扩，却又是内潜；一切在它的周缘，却又在它的中心：同时是皮又是核，是轴亦复是廓。这伟大奥妙的"Ｏｍ"使人感到动，又感到静；从静中见动，又从动中见静。从安住到飞翔，又从飞翔回复安住；从实在境界超入妙空，又从妙空化生实在——

"闻佛柔软音，深远甚微妙。"

多奇异的力量！多奥妙的启示！包容一切冲突性的现象，扩大刹那间的视域，这单纯的音响，于我是一种智灵的洗净。花开，花落，天外的流星与田畦间的飞萤，上缩云天的青松，下临绝海的巉岩，男女的爱，珠宝的光，火山的溶液：一婴儿在它的摇篮中安眠。

这山上的钟声是昼夜不间歇的，平均五分钟时一次。打钟的和尚独自在钟楼上住着，据说他已经不间歇地打了十一年钟，他的愿心是打到他不能动弹的那天。钟楼上供着菩萨，打钟人在大钟的一边安着他的"座"，他每晚是坐着安神的，一只手挽着钟棰的一头，从长期的习惯，不叫睡眠耽误他的职司。"这和尚，"我自忖，"一定是有道理的！和尚是没道理的多；方才那知客僧想把七窍蒙充六根，怎么算总多了一个鼻孔或是耳孔；那方丈师的谈吐里不少某督军与某省长的点缀；那管半山亭的和尚更是贪嗔的化身，无端摔破了两个无辜的茶碗。但这打钟和尚，他一定不是庸流不能不去看看！"他的年岁在五十开外，出家有二十几年，这钟楼，不错，是他管的，这钟是他打的（说着他就过去撞了一下），他每晚，也不错，是坐着安神的，但此外，可怜，我的俗眼竟看不出什么异样。他拂拭着神龛，神坐，拜垫，换上香烛，掇一盂水，洗一把青菜，捻一把米，擦干了手接受香客的布施，又转身去撞一声钟。他脸上看不出修行的清瘦，却没有失眠的倦态，倒是满满的不时有笑容的展露；念什么经；不，就念阿弥陀佛，他竟许是不认识字的。"那一带是什么山，叫什么，和尚？""这里是天目山。"他说。"我知道，我说的是那一带的。"我手点着问。"我不知道。"他回答。

山上另有一个和尚，他住在更上去昭明太子读书台的旧址，盖着几间屋，供着佛像，也归庙管的，叫作茅棚。但这不比得普渡山上的真茅棚，那看了怕人的，坐着或是偎着修行的和尚没一个不是鹄形鸠面，鬼似的东西。他们不开口的多，你爱布施什么就放在他跟前的篓子或是盘子里，他们怎么也不睁眼，不出声，随你给的是金条或是铁条。人说得更奇了。有的半年没有吃过东西，不曾挪过窝，可还是没有死，就这冥冥地坐着。他们大约离成佛不远了，单看他们的脸色，就比石片泥土不差什么，一样这黑剌剌，死僵僵的。"内中有几个，"香客们说，"已经成了活佛，我们的祖母早三十年来就看见他们这样坐着的！"

但天目山的茅棚以及茅棚里的和尚，却没有那样的浪漫出奇。茅棚是尽够蔽风雨的屋子，修道的也是活鲜鲜的人，虽则他并不因此减却他给我们的趣味。他是一个高身材，黑面目，行动迟缓的中年人；他出家将近十年，三年前坐过禅关，现在这山上茅棚里来修行；他在俗家时是个商人，家中有父母兄弟姊妹，也许还有自身的妻子；他不曾明说他中年出家的缘由，他只说"俗业太重了，还是出家从佛的好"，但从他沉着的语音与持重的神态中可以觉出他不仅曾经在人事上受过磨折，并且是在思想上能分清黑白的人。他的口，他的眼，都泄漏着他内里强自抑制，魔与佛交斗的痕迹；说他是放过火杀过人的忏悔者，可信；说他是个回头的浪子，也可信。他不比那钟楼上人的不着颜色，不露曲折：他分明是色的世界里逃来的一个囚犯。三年的禅关，三年的草棚，还不曾压倒，不曾灭净，他肉身的烈火。"俗业太重了，不如出家从佛的好"；这话里岂不战栗着一往忏悔的深心？我觉着好奇；我怎么能得知他深夜趺坐时意念的究竟？

佛于大众中　说我当作佛

闻如是法音　疑悔悉已除

初闻佛所说　心中大惊疑

将非魔所说　恼乱我心耶

但这也许看太奥了。我们承受西洋人生观洗礼的，容易把做人看太积极，入世的要求太猛烈，太不肯退让，把住这热乎乎的一个身子一个心放进生活的轧床去，不叫他留存半点汁水回去；非到山穷水尽的时候，决不肯认输，退后，收下旗帜；并且即使承认了绝望的表示，他往往直接向生存本体作取决，不来半不阑珊地收回了步子向后退：宁可自杀，干脆的生命的断绝，不来出家，那是生命的否认。不错，西洋人也有出家做和尚做尼姑的，例如亚佩腊与爱洛绮丝，但在他们是情感方面的转变，原来对人的爱移作对上帝的爱，这知感的自体与它的活动依旧不含糊地在着；在东方人，这出家是求情感的消灭，皈依佛法或道法，目的在自我一切痕迹的解脱。再说，这出家或出世的观念的老家，是印度不是中国，是跟着佛教来的；印度何以曾发生这类思想，学者们自有种种哲理上乃至物理上的解释，也尽有趣味的。中国何以能容留这类思想，并且在实际上出家做尼僧的今天不比以前少（我新近一个朋友差一点做了小和尚！）这问题正值得研究，因为这分明不仅仅是个知识乃至意识的浅深问题，也许这情形尽有极有趣味的解释的可能，我见闻浅，不知道我们的学者怎样想法，我愿意领教。

一九二六年九月

秋

两年前，在北京，有一次，也是这么一个秋风生动的日子，我把一个人的感想比作落叶，从生命那树上掉下来的叶子。落叶，不错，是衰败和凋零的象征，它的情调几乎是悲哀的。但是那些在半空里飘摇，在街道上颠倒的小树叶儿，也未尝没有它们的妩媚，它们的颜色，它们的意味，在少数有心人看来，它们在这宇宙间并不是完全没有地位的。"多谢你们的摧残，使我们得到解放，得到自由。"它们仿佛对无情的秋风说。"劳驾你们了，把我们踹成粉，踩成泥，使我们得到解脱，实现消灭。"它们又仿佛对不经心的人们这么说。因为看着，在春风回来的那一天，这叫卑微的生命的种子又会从冰封的泥土里翻成一个新鲜的世界。它们的力量，虽则是看不见，可是不容疑惑的。

我那是感着的沉闷，真是一种不可形容的沉闷。它仿佛是一座大山，我整个的生命叫它压在底下。我那是的思想简直是毒的，我有一首诗，题目就叫《毒药》。开头的两行是——

"今天不是，我唱歌的日子，我口边涎着狞恶的冷笑，不是我说笑的日子，我胸怀间插着发冷光的刀剑；相信我，我的思想是恶毒的，因为这世界是恶毒的，我的灵魂是黑暗的，因为太阳已经灭绝了光彩，我的声调，像是坟堆里的夜枭，因为人间已经杀尽了一切的和谐，我的口音，像是冤鬼责问他的仇人，因为一切的恩已经让路给一切的怨。"

我借这一首不成形的咒诅的诗，发泄了成一腔的闷气，但我却并不绝望，并不悲观，在极深刻的沉闷的底里，我那时还摸着了希望。所以我在《婴儿》——那首不成形诗的最后一节——那诗的后段，在描写一个产妇在她生产的受罪中，还能含有希望的句子。

在我那时带有预言性的想象中，我想望着一个伟大的革命。因此我在那篇《落叶》的末尾，我还有勇气来对待人生的挑战，郑重的宣告一个态度，高声地喊一声——借用两个有力量的外国字——"Everlasting Yea"。"Everlasting Yea"，"Everlastiag Yea"一年，一年，又过去了两年。这两年间我那时的想望实现了没有？那伟大的《婴儿》有出世了没有？我们的受罪取得了认识与价值没有？

我不知道，我不知道。我知道的还只是那一大堆丑陋的臃肿的沉闷，压得瘆人的沉闷，笼盖着我的思想，我的生命。它在我经络里，在我的血液里。我不能抵抗，我再没有力量。

我们靠着维持我们生命的不仅是面包。不仅是饭，我们靠着活命的，是一个诗人的话，是情爱，敬仰心，希望。"We live by love, admiration and hope."这话又包涵一个条件，就是说这世界这人类能承受我们的爱，值得我们的敬仰，容许我们的希望的。但现代是什么光景？人性的表现，我们看得见听得到的，到底是怎么回事？我想我们都不是外人，用不着掩饰，实在也无从掩饰，这里没有什么人性的表现，除了丑恶，下流，黑暗。太丑恶了，我们火热的胸膛里有爱不能爱，太下流了，我们有敬仰心不能敬仰，太黑暗了，我们要希望也无从希望。太阳给天狗吃了去，我们只能在无边的黑暗中沉默着，永远的沉默着！这仿佛是经过一次强烈的地震的悲惨，思想，感情，人格，全给震成了无可收拾的断片，也不成系统，再也不得连贯，再也没有发现。但你们在这个时候要我来讲话，这使我感着一种异样的难受。难受，因为我自身的悲惨。难受，尤其因为我感到你们的邀请不只是一个寻常讲话的邀请。你们来邀我，当然不是要什么现成的主义，那我是外行，也不为什么专门的学识，那我是草包，你们明知我是一个诗人，他的家当，除了几座空中的楼阁，至多只是一颗热烈的心。你们邀我来也许在你们中间也有同我一样感到这时代的悲哀，一种不可解脱不可摆脱的况味，所以邀我这同是这悲哀沉闷中的同志来，希冀万一，可以给你们打几个幽默的比喻，说一点笑话，给一点子安慰，有这么小小的一半个时辰，彼此可以在同情的温暖中忘却了时间的冷酷。因此我踌躇，我来怕没有交代，不来又于心不安。我也曾想选几个离着实际的人生较远些的事儿来和你们谈谈，但是相信我，朋友们，这念头是枉然的，因为不论你思想的起点是星光是月是蝴蝶，只一转身，又逢着了人生的基本问题，冷森森的竖着像是几座拦路的墓碑。

不，我们躲不了它们：关于这时代人生的问号，小的，大的，歪的，正的，像蝴蝶似的绕满了我们的周遭。正如在两年前它们逼迫我宣告一个坚决的态度，今天它们还是逼迫着要我来表示一个坚决的态度。也好，我想，这是我再来清理一次我的思想的机会，在我们完全没有能力解决人生问题时，我们只能承认失败。但我们当前的问题究竟是些什么？如其它们有力量压倒我们，我们至少也得抬起头来认一认我们敌人的面目再说。譬如医病，我们先得看清是什么病而后用药，才可以有希望治病。说我们是有病，那是无可置疑的。但病在哪一部，最重要的是症候是什么，我们却不一定答得上。至少，各人有各人的答案，决不会一致的。就说这时代的烦闷，烦闷也不能凭空来的不是？它也得有种种造成它的原因，它到底是怎么回事、我们也得查个明白。换句话说，我们先得确定我们的问题，然后再试第二步的解决。也许在分析我们的病症的研究中，某种对症的医法，就会不期然地显现。我们来试试看。

说到这里，我们可以想象一班乐观派的先生们冷眼地看着我们好笑。他们笑我们无事忙，谈什么人生，谈什么根本问题。人生根本就没有问题，这都那玄学鬼钻进了懒惰人的脑筋里在那里不相干的捣玄虚来了！做人就是做人，重在这做字上。你天性喜欢工业，你去找工程事情做去就得。你爱谈整理国故，你寻你的国故整理去就得。工作，更多的工作，是唯一的福音。把你的脑力精神一齐放在你愿意做的工作上，你就不会轻易发挥感伤主义，你就不会无病呻吟，你只要尽力去工作，什么问题都没有了。

这话初听倒是又生辣又干脆的，本来么，有什么问题，做你的工好了，何必自寻烦恼！但是你仔细一想的时候，这明白晓畅的福音还是有漏洞的。固然这时代很多的呻吟只是懒鬼的装痛，或是虚幻的想象，但我们因此就能说这时代本来是健全的，所谓病痛所谓烦恼无非是心理作用了吗？固然当初德国有一个大诗人，他的伟大的天才使他在什么心智的活动中都找到趣味，他在科学实验室里工作得厌倦了，他就跑出来带住一个女性就发迷，西洋人说的"跌进了恋爱"；回头他又厌倦了或是失恋了，只一感到烦恼，或悲哀的压迫，他又赶快飞进了他的实验室，关上了门，也关上了他自己的感情的门，又潜心他的科学研究去了。在他，所谓工作确是一种救济，一种关栏，一种调剂，但我们怎能比得？我们一班青年感情和理智还不能分清的时候，如何能有这样伟大的克制的工夫？所以我们还得来研究我们自身的病痛，想法可能的补救。

并且这工作论是实际上不可能的。因为假如社会的组织，果然能容得我们各人从各人的心愿选定各人的工作并且有机会继续从事这部分的工作，那还不是一个黄金时代？"民各其业，安其生。"还有什么问题可谈的？现代是这样一个时候吗？商人能安心做他的生意，学生能安心读他的书，文学家能安心做他的文章吗？正因为这时代从思想起，什么事情都颠倒了，混乱了，所以才会发生这普通的烦闷病，所以才有问题，否则认真吃饱了饭没有事做，大家甘心自寻烦恼不成？

我们来看看我们的病症。

第一个显明的症候是混乱。一个人群社会的存在与进行是有条件的。这条件是种种体力与智力的活动的和谐的合作，在这诸种活动中的总线索，总指挥，是无形迹可寻的思想，我们简直可以说哲理的思想，它顺着时代或领着时代规定人类努力的方向，并且在可能时给它一种解释，一种价值的估定与意义的发现。思想是一个使命，是引导人类从非意识的以至无意识的活动进化到有意识的活动，这点子意识性的认识与觉悟，是人类文化史上最光荣的一种胜利，也是最透彻的一种快乐。果然是这部分哲理的思想，统辖得住这人群社会全体的活动，这社会就上了正轨；反面说，这部分思想要是失去了它那总指挥的地位，那就坏了，种种体力和智力的活动，就随时随地有发生冲突的可能，这重心的抽去是种种不平衡现象主要的原因。现在的中国就吃亏在没有了这个重心，结果什么都豁了边，都不合适了。我们这老大国家，说也可惨，在这百年来，根本就没有思想可说。从安逸到宽松，从宽松到怠情，从怠惰到着忙，从着忙到瞎闯，从瞎闯到混乱，这几个形容词我想可以概括近百年来中国的思想史，——简单说，它完全放弃了总指挥的地位。没有了统系，没有了目标，没有了和谐，结果是现代的中国：一团混乱。

混乱，混乱，哪儿都是的。因为思想的无能，所以引起种种混乱的现象，这是一步。再从这种种的混乱，更影响到思想本体，使它也传染了这混乱。好比一个人因为身体软弱才受外感，得了种种的病，这病的蔓延又回过来销蚀病人有限的精力，使他变成更软弱了，这是第二步。经济，政治，社会，哪儿不是蹊跷，哪儿不是混乱？这影响到个人方面是理智与感情的不平衡，感情不受理智的节制就是意气，意气永远是浮的，浅的，无结果的；因为意气占了上风，结果是错误的活动。为了不曾辨认清楚的目标，我们的文人变成了政客，研究科学的，做了非科学的官，学生抛弃了学问的寻求，工人做了野心家的牺牲。这种种混乱现象影响到我们青年是造成烦闷心理的原因的一个。

这一个征候——混乱——又过渡到第二个征候——变态。什么是人群社会的常态？人群是感情的结合。虽则尽有好奇的思想家告诉我们人是互杀互害的，或是人的团结是基本于怕惧的本能，虽则就在有秩序上轨道的社会里，我们也看得见恶性的表现，我们还是相信社会的纪纲是靠着积极的情感来维系的。这是说在一常态社会天平上，情爱的分量一定超过仇恨的分量，互助的精神一定超过互害互杀的现象。但在一个社会没有了负有指导使命的思想的中心的情形之下，种种离奇的变态的现象，都是可能的产生了。

一个社会不能供给正常的职业时，它即使有严厉的法令，也不能禁止盗匪的横行。一个社会不能保障安全，奖励恒业恒心，结果原来正当的商人，都变成了拿妻子生命财产来做买空卖空的投机家。我们只要翻开我们的日报，就可以知道这现代的社会是常态是变态。笼统一点说，他们现在只有两个阶级可分，一个是执行恐怖的主体，强盗，军队，土匪。绑匪，政客，野心的政治家，所有得势的投机家都是的，他们实行的，不论明的暗的，直接间接都是一种恐怖主义。还有一个是被恐怖的。前一阶级永远拿着杀人的利器或是类似的东西在威吓着，压迫着，要求满足他们的私欲，后一阶级永远在地上爬着，发着抖，喊救命，这不是变态吗？这变态的现象表现在思想上就是种种荒谬的主义离奇的主张。笼统说，我们现在听得见的主义主张，除了平庸不足道的，大就是计算领着我们向死路上走的。这不是变态吗？

这种种的变态现象影响到我们青年，又是造成烦闷心理的原因的一个。

这混乱与变态的观众又协同造成了第三种的现象——一切标准的颠倒。人类的生活的条件，不仅仅是衣食住；"人之异于禽兽者几希"，我们一讲到人道，就不能脱离相当的道德观念。这比是无形的空气，他的清鲜是我们健康生活的必要条件。我们不能没有理想，没有信念，我们真生命的寄托决不在单纯的衣食问。我们崇拜英雄——广义的英雄——因为在他们事业上表现的品性里，我们可以感到精神的满足与灵感，鼓励我们更高尚的天性，勇敢的发挥人道的伟大。你崇拜你的爱人，因为她代表的是女性的美德。你崇拜当代的政治家，因为他们代表的是无私心的努力。你崇拜思想家，因为他们代表的是寻求真理的勇敢。这崇拜的含义就是标准。时代的风尚尽管变迁，但道义的标准是永远不动摇的。这些道义的准则，我们向时代要求的是随时给我们这些道义准则的一个具体的表现。仿佛是在渺茫的人生道上给悬着几颗照路的明星。但现在给我们的是什么？我们何尝没有热烈的崇拜心？我们何尝不在这一件事那一件事上，或是这一个人物那一个人物的身上安放过我们迫切的期望。但是，但是，还用我说吗！有哪一件事不使我们重大的迷惑，失望，悲伤？说到人的方面，哪有比普遍的人格的破产更可悲悼的？在不知哪一种魔鬼主义的秋风里，我们眼见我们心目中的偶像败叶似的一个个全掉了下来！眼见一个个道义的标准，都叫丑恶的人性给沾上了不可清洗的污秽！标准是没有了的。这种种道德方面人格方面颠倒的现象，影响到我们青年，又是造成烦闷心理的原因的一个。

跟着这种种症候还有一个惊心的现象，是一般创作活动的消沉，这也是当然的结果。因为文艺创作活动的条件是和平有秩序的社会状态，常态的生活，以及理想主义的根据。我们现在却只有混乱，变态，以及精神生活的破产。这仿佛是拿毒药放进了人生的泉源，从这里流出来的思想，哪还有什么真善美的表现？

这时代病的症候是说不尽的，这是最复杂的一种病，但单就我们上面说到的几点看来，我们似乎已经可以采得一点消息，至少我个人是这么想。——那一点消息就是生命的枯窘，或是活力的衰耗。我们所以得病是为我们生活的组织上缺少了思想的重心，它的使命是领导与指挥。但这又为什么呢？我的解释，是我们这民族已经到了一个活力枯窘的时期。生命之流的本身，已经是近于干涸了：再加之我们现得的病，又是直接尅伐生命本体的致命症候，我们怎样能受得住？这话可又讲远了，但又不能不从本原上讲起。我们第一要记得我们这民族是老得不堪的一个民族。我们知道什么东西都有它无限的寿命；一种树只能青多少年，过了这期限就得衰；一种花也只能开几度花，过此就为死（虽则从另一种看法，它们都是永生的，因为它们本身虽得死，它们的种子还是有机会继续发长）。我们这棵树在人类的树林里，已经算得是寿命极长的了，我们的血统比较又是纯粹的。还有一个特点是我们历来因为四民制的结果，士之子恒为士，商之子恒为商，思想这任务完全为士民阶级的专利，又因为经济制度的关系，活力最充足的农民简直没有机会读书，因为士民阶级形成了一种孤单的地位。我们要知道知识是一种堕落，尤其从活力的观点看，这士民阶级是特别堕落的一个阶级，再加之我们旧教育观念的偏窄，单就知识论，我们思想本能活动的范围简直是荒谬的狭小。我们只有几本书，一套无生命的陈腐的文学，是我们唯一的工具。这情形就比是本来是一个海湾，和大海是相通的，但后来因为沙地的胀起，这一湾水渐渐隔离它所从来的海，而更成了湖。这湖原先也许还承受得着几股山水的来源，但后来又经过陵谷的变迁，这部分的来源也断绝了，结果这湖又干成一只小潭，乃至一小潭的止水，涨满了青苔与萍梗，钝迟迟的眼看得见就可以完全干涸了去的一个东西。这是我们受教育的士民阶级的相仿情形。现在所谓知识亦无非是这潭死水里比较泥草松动些风来还多少吹得绉的一洼臭水，别瞧它矜矜自喜，可怜它能有多少前程？还能有多少生命？

所以我们这病，虽则症候不止一种，虽然看来复杂，归根只是中医所谓气血两亏的一种本原病。我们现在所感觉的烦闷，也只见沉浸在这一洼离死不远的臭水里的气闷，还有什么可说的？水因为不流所以滋生了水草，这水草的涨性，又帮助浸干这有限的水。同样的，我们的活力因为断绝了来源，所以发生了种种本原性的病症，这些病又回过来侵蚀本原，帮助消尽这点仅存的活力。

病性既是如此，那不是完全绝望了吗？

那也不是这么容易。一棵大树的凋零，一个民族的衰歇，也不是一朝一夕的事儿。我们当然还是要命。只是怎么要法，是我们的问题。我说过我们的病根是在失去了思想的重心，那又是原因于活力的单薄。在事实上，我们这读书阶级形成了一种极孤单的状况，一来因为阶级关系它和民族里活力最充足的农民阶级完全隔绝了，二来因为畸形教育以及社会的风尚的结果，它在生活方面是极端的城市化，腐化，奢侈化，惰化，完全脱离了大自然健全的影响变成自蚀的一种蛀虫。在智力活动方面，只偏向于纤巧的浅薄的诡辩的乃至于程式化的一道，再没有创造的力量的表示，渐次的完全失去了它自身的尊严以及统辖领导全社会活动的无上的权威。这一没有了统帅，种种紊乱的现象就都跟着来了。

这畸形的发展是值得寻味的。一方面你有你的读书阶级，中了过度文明的毒，一天一天往腐化僵化的方向走，但你却不能否认它智力的发达，只因为道义标准的颠倒以及理想主义的缺乏，它的活动也全不是在正理上。就说这一堂的翩翩年少——尤其是文化最发旺的江浙的青年，十个里有九个是弱不禁风的。但问题还不全在体力的单薄，尤其是智力活动本身是有了病，它只有毒性的戟刺，没有健全的来源，没有天然的滋养。纤巧的新奇的思想不是我们需要的，我们要的是从丰满的生命与强健的活力里流露出来纯正的健全的思想，那才是有力量的思想。

同时我们再看看占我们民族十分之八九的农民阶级。他们生活的简单，脑筋的简单，感情的简单，意识的疏浅，文化的落后，几于使他们形成一种仅仅有生物作用的人类。他们的肌肉是发达的，他们是能工作的，但因为教育的不普及，他们智力的活动简直的没有机会，结果按照生物学的公例，因无用而退化，他们的脑筋简直不行的了。乡下的孩子当然比城市的孩子不灵，粗人的子弟当然比不上书香人的子弟，这是一定的。但我们现在为救这文化的性命，非得赶快就有健全的活力来补充我们受足了过度文明的毒的读书阶级不可。也有人说这读书阶级是不可救药的了，希望如其有，是在我们民族里还未经开化的农民阶级。我的意思是我们应得利用这部分未开凿的精力来补充我们开凿过分的士民阶级。讲到实施，第一得先打破这无形的阶级界限以及省分界线。通婚和婚是必要的，比较地说，广东湖南乃至北方人比江浙人健全得多，乡下人比城里人健全得多，所以江浙人和北方人非得尽量的通婚，城市人非得与农人尽量的通婚不可。但是这话说着容易，实际上是极困难的。讲到结婚，谁愿意放弃自身的艳福，为的是渺茫的民族的前途上，哪一个翩翩的少年甘心放着窈窕风流的江南女郎不要，而去乡村找粗蠢的大姑娘作配，谁肯不就近结识血统逼近的姨妹表妹乃至于同学妹，而肯远去异乡到口音不相通的外省人中间去寻配偶？这是难的我知道。但希望并不见完全没有——这希望完全是在教育上。第一我们得赶快认清这时代病无非是一种本原病，什么混乱的变态的现象、都无非显示生命的缺乏，这种种病，又都就是直接戕伐生命的，所以我们为要文化与思想的健全，不能不想方法开通路子，使这几洼孤立的呆定的死水重复得到天然泉水的接济，重复灵活起来，一切的障碍与淤塞自然会得消灭——思想非得直接从生命的本体里热烈的迸裂出来才有力量，才是力量。这过度文明的人种非得带它回到生命的本源上去不可，它非得重新生过根不可。按着这个目标，我们在教育上就不能不极力推广教育的机会到健全的农民阶级里去，同时奖励阶级间的通婚。假如国家的力量可以干涉到个人婚姻的话，我们尽可以用强迫的方法叫你们这些翩翩的少年都去娶乡下大姑娘子，而同时把我们窈窕风流的女郎去嫁给农民做媳妇。况且谁都知道，我们现在择偶的标准本身就是不健全的。女人要嫁给金钱，奢侈，虚荣，女性的男子；男人的口味也是同样的不妥当。什么都是不健全的，喔，这毒气充塞的文明社会！在我们理想实现的那一天，我们这文化如其有救的话，将来的青年男女一定可以兼有士民与农民的特长，体力与智力得到均平的发展，从这类健全的生命树上，我们可以盼望吃得着美丽鲜甜的思想的果子！

至于我们个人方面，我也有一部分的意见，只是今天时光局促了怕没有机会发挥，但总结一句话，我们要认清我们是什么病，这病毒是在我们一个个你我的身体上，血液里，毋庸讳言的。只要我们不认错了病多少总有办法。我的意见是要多多接近自然，因为自然是健全的纯正的影响，这里面有无穷尽性灵的滋养与启发与灵感。这完全靠我们各个自觉的修养。我们先得要立志不做时代和时光的奴隶，我们要做我们思想和生命的主人，这暂时的沉闷决不能压倒我们的理想，我们正应得感谢这深刻的沉闷，因为在这里，我们才感悟着一些自度的消息，如我方才说的，我们还是得努力，我们还是得坚持，我们的态度是积极的。正如我两年前《落叶》的结束是喊一声"Everlasting Yea"，我今天还是要你们跟着我来喊一声"Everlasting Yea"！